诗词与君子

SHICI YU JUNZI

汪田喜　佘承智◎主编

时代出版传媒股份有限公司
安徽文艺出版社

图书在版编目（CIP）数据

诗词与君子/汪田喜,佘承智主编.—合肥：安徽文艺出版社,2020.8
ISBN 978-7-5396-6895-6

Ⅰ．①诗… Ⅱ．①汪… ②佘… Ⅲ．①古典诗歌－中国－小学－教学参考资料 Ⅳ．①G624.203

中国版本图书馆 CIP 数据核字(2020)第 032251 号

出 版 人：段晓静
责任编辑：周　康　　　　　　　装帧设计：徐　睿

出版发行：时代出版传媒股份有限公司　www.press-mart.com
　　　　　安徽文艺出版社　www.awpub.com
地　　址：合肥市翡翠路 1118 号　邮政编码：230071
营 销 部：(0551)63533889
印　　制：合肥创新印务有限公司　(0551)64456946

开本：880×1230　1/32　印张：7.5　字数：200 千字
版次：2020 年 8 月第 1 版　2020 年 8 月第 1 次印刷
定价：39.00 元

(如发现印装质量问题，影响阅读，请与出版社联系调换)

版权所有，侵权必究

编委会名单

主编： 汪田喜　佘承智

编委： 彭　莉　钱海琴　苏　静　汪烨玲
　　　　方代胜　杨得生　邰文娟　黄小莉
　　　　沈　洲　吴　飞　张亚莉　后媛媛

序

诗词传承文明，经典关照现实

承　智

"培养什么人，为谁培养人，怎样培养人"，这是教育要回答的问题。对于学校教育来说，实现"立德树人"这一目标主要有三种途径：其一是思政课程，就是道法课到位；其二是课程思政，就是学科渗透；其三是活动思政，就是学用一体。

《诗词与君子》就是这样一种课程思政。

之所以选择"诗教"，缘于两个方面的考虑：一方面是我们学校的诗词教育氛围较好，另一方面是语文教材中增加了一些古诗文篇目。这为我校的诗词思政奠定了基础。而更重要的是，溯源文化脉络，"诗教"是最早的教育课程。

孔子说"兴于诗，立于礼，成于乐"，可见诗在圣人心目中的地位。"诗言志"，无论是商代的甲骨铭文，还是《诗经》的风雅颂赋比兴，或是楚辞、汉赋、魏晋诗词，及唐诗宋词元曲，每一首诗词都能找到诗人的志向、情趣，都能让读者获得人格力量的提升、人生境界的升华。这种人格的力量、人生的境界，就是君子的人格、君子的境界。

关于诗词，有人把它比作唐朝的一株柳、宋朝的一尾鱼、元朝的一首曲、明朝的一股风、清朝的浣纱女，其实这是形象地告诉我们，诗词意象的魅力、韵律、情感、体验，每一首诗词都是诗人真实生活与艺术生活的融合。阅读古典诗词，跨越历史长河，用经典关照现实,是赋予了诗词现实意义。习近平总书记是引用诗词典故的积极实践者,他对古典诗词名句的引用非常精辟、精准、精致,给了我们很多启迪。习总书记用这些诗词典故告诉我们,执政者要关注民生福祉,建设富强国家,行人间正道。这充分体现了一个大国领袖的风范和担当,以及中华文化的气度和文化育人的能量。

我们的诗词思政,就是要从古典诗词中去品读君子文化,并与时代融合,在学典、知典、用典中,渗透君子人格的教育。

《诗词与君子》选择了新时代君子"十德"为内容:崇德好学、知礼重义、谦恭诚信、仁爱乐善、弘毅有为。每个内容下面,我们选择两至三个主题,集中表现君子之有志、爱国、好学、知礼、重义、诚信、益友、正品、齐家、仁爱、乐道、承教、雅思。每个主题选择五首经典诗词,以单元的形式,渗透君子人格教育。

《诗词与君子》编写体系力求简约,既适合教师教,也适合学生读。

主题单元设"导语"部分,以经典章句引入,然后阐述主题单元的教育内容与价值思想。

每首诗的"正文""注释""赏析"力求简明,语言贴近儿童,易读易懂。

"诗中君子"与"诗词体验"环节是《诗词与君子》教材的特色与精华。"诗中君子"就是从诗词中选择一个君子文化教育的点,用通俗的语言阐述其教育意义,升华君子的思想,引导君子的体验。这也是经典关照现实的部分。"诗词体验"即是从诗词教学的角度,在君子文化的引领中,在语言的意象中,在读、吟、写、行的诗词活动中,设计有益的体验,让学生提升君子思想,践行君子品格,养成君子习惯。

"经典引读"环节结合主题,引用传统文化经典章句。以"文"解"诗",以"诗"润"文"。在诗文互读中,深度体验,促进反思。

"作品呈现"环节是学生体验学习后,通过书画、手抄报、写作、参与活动等形式,展现学习体验的过程和心得感悟。这是实践推进后的学习反馈,同时也是对后学者的学习引领。

"拓展延伸"环节推荐学生课外阅读,这是诗词学习的补充。每个主题单元,选择一篇经典古文,结合诗词学习,体会主题精神。

总之,我们希望通过《诗词与君子》,建立一种诗词与现实、君子与理想、家庭与学校、现实与未来、教师与学生之间的联系,架构新课程的继承、整合、创新与发展。

用诗词传承文明,用经典关照现实。

中小学生守则

（2015年修订）

一、爱党爱国爱人民。了解党史国情，珍视国家荣誉，热爱祖国，热爱人民，热爱中国共产党。

二、好学多问肯钻研。上课专心听讲，积极发表见解，乐于科学探索，养成阅读习惯。

三、勤劳笃行乐奉献。自己事自己做，主动分担家务，参与劳动实践，热心志愿服务。

四、明礼守法讲美德。遵守国法校纪，自觉礼让排队，保持公共卫生，爱护公共财物。

五、孝亲尊师善待人。孝父母敬师长，爱集体助同学，虚心接受批评，学会合作共处。

六、诚实守信有担当。保持言行一致，不说谎不作弊，借东西及时还，做到知错就改。

七、自强自律健身心。坚持锻炼身体，乐观开朗向上，不吸烟不喝酒，文明绿色上网。

八、珍爱生命保安全。红灯停绿灯行，防溺水不玩火，会自护懂求救，坚决远离毒品。

九、勤俭节约护家园。不比吃喝穿戴，爱惜花草树木，节粮节水节电，低碳环保生活。

安雅君子规范

崇德好学　知礼重义　谦恭诚信　仁爱乐善　弘毅有为

崇德：志存高远　厚德爱国
好学：好学善思　追求卓越
知礼：明礼守法　崇尚科学
重义：感恩回报　助人为乐
诚信：言行一致　诚实守信
谦恭：勤俭谦让　律己乐群
仁爱：孝亲尊师　友爱同学
乐善：知行合一　止于至善
弘毅：果敢坚毅　自强不息
有为：胸怀坦荡　勇于担当

安雅君子

荀子《荣辱》句"越人安越,楚人安楚,君子安雅",原典的意思是说,每个人安居在自己的乡土之中,才能舒展得宜的天性。故而"越人安越,楚人安楚"。而德行高洁之士,就要安居在典雅的生活中,才能使德行永远纯净。所谓"安雅君子",我们可以这样说,君子要安于正道。用孔子的话来说,君子要"志于道,据于德,依于仁,游于艺"。

安雅君子,即安于正道,有仁德、博闻、弘志之诚正之人。

"安"取"建安"校名之本意,"雅"取君子之言正道固本之意。正如学校的教风所言,"以爱育爱,以智启智,以行砺行",君子之安于教,当以身作则,育爱,启智,砺行;也正如学校学风所言,"追求真理,探求真知,学做真人",君子安于学,当求真、求直、求诚。

目　录

序　诗词传承文明，经典关照现实（承智）……………… 001

崇德好学

第一单元　君子有志………………………… 002

第二单元　君子爱国………………………… 019

第三单元　君子好学………………………… 036

知礼重义

第四单元　君子知礼………………………… 056

第五单元　君子重义………………………… 072

第六单元　君子益友………………………… 089

谦恭诚信

第七单元　君子诚信………………………… 108

第八单元　君子正品………………………… 124

仁爱乐善

第九单元　君子仁爱………………………… 144

第十单元　君子齐家………………………… 161

弘毅有为

第十一单元　君子和乐……………………… 180

第十二单元　君子承教……………………… 196

第十三单元　君子雅思……………………… 213

崇 德 好 学

第一单元　君子有志

第二单元　君子爱国

第三单元　君子好学

第一单元　君子有志

导　语

　　先人的智慧和血汗,交织锻炼成华夏五千年的文化,代代相承,才能展现泱泱国风。时光推移,没有传统的延续,就没有现在的光华。在少年时期我们应该立下大志,专心学习,不能无所事事地过一辈子。正所谓有志不在年高,无志空长百岁。

第一篇

【原文】

咏 新 竹
清·际智

此君志欲擎天①碧,耸出云头高百尺。

只恐年深②化作龙,一朝飞去不留迹。

【注释】

①擎天:举起天,托起天。

②年深:年深日久,长时间。

【赏析】

笋称新竹,出土尖尖。其之始也,小极,细极,嫩极,毫不起眼。毕竟是观察敏锐、想象丰富的诗人,际智从这才冒出土面的小小新竹,已然看出了其擎天之志、入云之势、化龙之概。这种想象,以及将想象注入诗行,本身便是一种智能和魄力。际智自号愚庵,其实何曾愚也!际智的斋室,号为茎草堂,自比一茎小草,孰知不也是一棵志欲凌云的新竹?诗写得精练、生动,颇有力度。

【诗中君子】

"此君志欲擎天碧,耸出云头高百尺。"物没有志,但人有

志。人能以志帅气,就能够权衡可行与否。这首诗中,诗人借竹隐喻自己的志向。所谓竹正则人正,一个人需要拥有竹子拔节一样的志向。

【诗词体验】

《咏新竹》为咏物诗。这首诗并不简单停留于对新竹的描摹,诗的背后体现的是诗人的态度、思考和情绪。透过诗篇,我们仿佛看到了一个个立体的生命。请列举出自己喜欢的咏物诗两到三首,抄写并背诵下来。

【经典章句】

故立志而圣,则圣矣;立志而贤,则贤矣。——王阳明《教条示龙场诸生》

浅释:一个人如果立志成为圣人,就会成为圣人;如果立志成为贤人,就会成为贤人。

【学生书画作品】

作者：肖可

只恐年深化作龙，一朝飞去不留迹。
此君志欲擎天碧，笋出云尖高百尺。
清·陈智《咏新竹》

第二篇

【原文】

剑　客
唐·贾岛

十年磨一剑①，霜刃未曾试②。
今日把示君，谁有不平事。③

【注释】

①十年磨一剑：剑客花了十年工夫精心磨制一把剑。

②霜刃未曾试：此剑刃白如霜，闪烁着寒光，却还没有试过锋芒。

③今日把示君，谁有不平事：今天将这把利剑拿出来给你看看，告诉我，天下谁有冤屈不平的事？一种急欲施展才能，干一番事业的壮志豪情，跃然纸上。

【赏析】

贾岛诗思奇僻。这首《剑客》却率意造语，直吐胸臆，给人别具一格的感觉。诗题亦作《述剑》。诗人以剑客的口吻，着力刻画"剑"和"剑客"的形象，托物言志，抒写自己兴利除弊的政治抱负。

诗人没有描写自己十年寒窗、刻苦读书的生涯，也没有表白自己出众的才能和宏大的理想，而是通过巧妙的艺术构思，把自

己的志向含而不露地融入"剑"和"剑客"的形象里。"剑客"是诗人自喻,而"剑"则比喻自己的才能。这种寓政治抱负于鲜明形象之中的表现手法,确是很高明的。

【诗中君子】

今天我把这剑给您看看,是谁有冤屈不平的事呢?诗人十年磨一剑,就是想一旦有机会,便拿出宝剑,询问世上有哪些不平之事需要我去铲平。至此,我们看到了一个真正的剑客,一个斗志昂扬、要为社会兴利除弊的剑客形象。

【诗词体验】

结合本首诗,谈一谈你的理想与抱负。

【经典章句】

志之难也,不在胜人,在自胜也。——韩非《韩非子·喻老》。

浅释:立志的困难,不在于胜过别人,而在于战胜自己。自胜:战胜自己,克制自己。

【学生书画作品】

作者：周馨怡

第三篇

【原文】

望　岳

唐·杜甫

岱宗夫如何①？齐鲁②青未了。

造化钟神秀，阴阳割昏晓。

荡胸生层云，决眦③入归鸟。

会当凌绝顶，一览众山小。

【注释】

①岱宗：对泰山的尊称。泰山亦名岱山或岱岳，在今山东省泰安市城北。古代以泰山为五岳之首，诸山所宗，故又称"岱宗"。历代帝王凡举行封禅大典，皆在此山。夫：读"fú"，句首发语词，无实在意义。

②齐鲁：古代齐、鲁两国以泰山为界，齐国在泰山北，鲁国在泰山南。后用齐鲁代指山东地区。

③决眦（zì）：眦，眼角。眼角（几乎）要裂开。这是由于极力张大眼睛远望归鸟入山所致。

【赏析】

这首诗是杜甫青年时代的作品，充满了诗人青年时代的浪漫与激情。诗人描写了泰山雄伟磅礴的气象，抒发了自己勇于

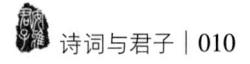

攀登、傲视一切的雄心壮志,洋溢着蓬勃向上的朝气。

全诗以诗题中的"望"字统摄全篇,句句写望岳,但通篇并无一个"望"字,而能给人以身临其境之感,可见诗人的谋篇布局和艺术构思是精妙奇绝的。这首诗寄托虽然深远,但通篇只见登览名山之兴会,丝毫不见刻意比兴之痕迹。若论气骨峥嵘、体势雄浑,更为后出之作难以企及。

【诗中君子】

"夫志,气之帅也;气,体之充也。夫志至焉,气次焉,故曰:'持其志,无暴其气。'"道出了志和气的关系。志的作用不在于动力,而在于方向。杜甫青年时,登泰山,胸中便升起"会当凌绝顶,一览众山小"的志向。古人云,诗言志,从中我们可以品读到诗人的君子追求。

【诗词体验】

泰山为五岳之首,诗中以饱满的热情形象地描绘了泰山雄伟壮观的气势,抒发了作者青年时期的豪情和远大抱负。试着找一找描写其他四岳的诗词,说一说自己读后的感受。

【经典章句】

志大则才大,事业大。——张载《正蒙·至当篇》

浅释:志向远大,才干就会大,就能干出一番大的事业来。说明人要有所作为就必须树立远大的志向。

【学生书画作品】

作者：章萌菲

第四篇

【原文】

上李邕①

唐·李白

大鹏一日同风起,扶摇②直上九万里。
假令风歇时下来,犹能簸却沧溟③水。
世人见我恒殊调,闻余大言皆冷笑。
宣父犹能畏后生,丈夫未可轻年少。

【注释】

①李邕(678—747):字泰和,广陵江都(今江苏省扬州市江都区)人,唐朝书法家、文学家。

②摇:由下而上的大旋风。

③沧溟:大海。

【赏析】

前四句诗中,诗人寥寥数笔,就勾画出一个力簸沧海的大鹏形象,也是年轻诗人自己的形象。大鹏是《庄子·逍遥游》中的神鸟,传说这只神鸟其大"不知其几千里也","其翼若垂天之云",翅膀拍一下水就是三千里,扶摇直上,可高达九万里。大鹏鸟是庄子哲学中自由的象征、理想的图腾。李白年轻时胸怀大志,非常自负,又深受道家哲学的影响,心中充满了浪漫的幻

想和宏伟的抱负。这只大鹏即使不借助风的力量,以它的翅膀一扇,也能将沧溟之水一簸而干,这里极力夸张大鹏的神力。

后四句诗,是对李邕怠慢态度的回答。"世人"指当时的凡夫俗子,显然也包括李邕在内。因为此诗是直接给李邕的,所以措辞较为婉转,表面上只是指斥"世人"。"殊调"指不同凡响的言论。李白的宏大抱负,常常不被世人所理解,被当作"大言"来耻笑。李白显然没有料到,李邕这样的名人竟与凡夫俗子一般见识,于是,就抬出圣人识拔后生的故事反唇相讥。

【诗中君子】

李邕在开元初年(713年)是一位名闻海内的大名士,史载李邕"素负美名"。对于这样一位名士,李白竟敢指名直斥与之抗礼,足见青年李白的气识和胆量。"不屈己,不干人",笑傲权贵,平交王侯,正是李白的真正本色。

【诗词体验】

猜谜:请以"大鹏一日同风起,扶摇直上九万里"这句诗猜一成语。

【经典章句】

志不立,天下无可成之事。——王阳明《教条示龙场诸生》。

浅释:志向不确定,则什么事情也干不成功。说明人必须立志。

【学生书画作品】

  作者：吴一伊

第五篇

【原文】

龟虽寿

东汉·曹操

神龟虽寿,犹有竟时。

腾蛇乘雾,终为土灰。①

老骥伏枥,志在千里。

烈士②暮年,壮心不已。

盈缩之期,不但在天。

养怡之福,可得永年。

幸甚至哉③,歌以咏志。

【注释】

①"腾(téng)蛇"二句:腾蛇即使能乘雾升天,最终也得死亡,变成灰土。腾蛇,传说中与龙同类的神物,能乘云雾升天。

②烈士:有远大抱负的人。

③幸甚至哉:庆幸得很,好极了。幸,庆幸。至,极点。

【赏析】

本诗以"神龟虽寿,犹有竟时。腾蛇乘雾,终为土灰"开头,用神龟、腾蛇这两个形象说明世间万物都不是永恒存在的,新陈代谢是大自然的根本规律。这就等于告诉世人,人虽寿夭有别,但最终都是要死的,表现了作者朴素的唯物辩证思想和无神论的观念,这在当时是难能可贵的。既然人总是要死的,那么是不是可以对人生采取消极悲观的态度呢?诗人认为这是不可以的。承认生命有限正是为了充分利用这有限的生命,建功立业,有所作为。

接着诗人紧承上意写道:"老骥伏枥,志在千里。烈士暮年,壮心不已。"笔力遒劲,韵律沉雄,内蕴着一股自强不息的豪迈气概,深刻地表达了曹操老当益壮、锐意进取的精神面貌。"壮心不已"表达了要有永不停止的理想追求和积极进取的开拓精神,永远乐观奋发,自强不息,保持思想上的青春。曹操以切身体验揭示了人的精神因素对健康的重要意义。

"盈缩之期,不但在天。养怡之福,可得永年",表现出一种深沉委婉的风情,给人一种亲切温馨之感。盈,是满的意思,可以引申为寿;缩,是亏的意思,可以引申为夭。这就是说,人的寿命的或长或短,不完全出于天定,只要调养有方,是可以保持身心健康、延年益寿的。

【诗中君子】

《龟虽寿》这首诗写于北伐乌桓胜利的归途。此时,曹操已经五十三岁,在古代,这已是将近暮年的年龄。虽然刚刚取得了北伐乌桓的胜利,踏上凯旋的归途,但诗人想到一统中国的宏愿尚未实现,想到自己已届暮年,人生短促,时不我待,怎能不为生命的有限而感慨?但是,诗人并不悲观,他仍以不断进取的精神激励自己建立功业。《龟虽寿》所表达的正是这样一个积极的

主题。人的寿命的长短不完全决定于天,只要保持身心健康,就能延年益寿。曹操所云"养怡之福",不是指无所事事,坐而静养,而是说一个人的精神状态是最重要的,不应因年暮而消沉。这里可见诗人对天命持否定态度,而对事在人为抱有乐观主义精神,抒发了诗人不甘衰老、不信天命、奋斗不息、对伟大理想的追求永不停止的壮志豪情。

【诗词体验】

东汉末年的一大批文学家,如曹操、曹丕、曹植等,他们在铜雀台,用自己的笔直抒胸襟,抒发渴望建功立业的雄心壮志,掀起了我国诗歌史上文人创作的第一个高潮。由于其时正是汉献帝建安年间(196—220),故后世称为"建安文学"。请查一查资料,了解一下"建安七子"与他们的文学成就。

【经典章句】

志不求易,事不避难。——范晔《后汉书·虞诩传》

浅释:人立志应不贪求容易实现的目标,做事应不回避困难。也就是说立志当高远,并应知难而进。

【学生书画作品】

作者：汪士祥

第二单元　君子爱国

导　语

　　浩浩汤汤五千年中华文明,孕育了华夏儿女自强不息的君子之风。君子心怀天下,勇于担当,为天地立心,为生民立命,为往圣继绝学,为万世开太平。这些正直而伟岸的人格滋养着中华民族的品质。

第一篇

【原文】

出 塞

唐·王昌龄

秦时明月汉时关,万里长征人未还。
但使龙城飞将①在,不教胡马度阴山②。

【注释】

①龙城飞将:指的是卫青奇袭龙城的事情,也有人认为其中的"飞将"指的是汉朝飞将军李广。

②胡马:指侵扰内地的外族骑兵。阴山:昆仑山的北支,起自河套西北,横贯绥远、察哈尔及热河北部,是中国北方的屏障。

【赏析】

这是一首著名的边塞诗,表达了诗人希望起用良将,早日平息边塞战事,使人民过上安定生活的愿望。

首句"秦时明月汉时关"七个字,即展现出一幅壮阔的图画:一轮明月,照耀着边塞关卡。诗人只用短短七个字,便勾勒出了边塞的寥廓和景物的萧条,渲染出孤寂、苍凉的气氛。

"但使龙城飞将在,不教胡马度阴山",直接抒发了边防士卒保卫国家的壮志:只要有卫青、李广那样的名将,敌人的马队

就不会度过阴山。

汉关秦月,无不是融情入景,浸透了人物的感情色彩。这首诗虽然只有短短四句,但是展现了丰富的内涵。既有对远征士卒的浓厚同情,又有对朝廷好大喜功和不能选贤任能的不满,字里行间洋溢着爱国激情。

【诗中君子】

"但使龙城飞将在,不教胡马度阴山",抒发了边防将士保卫国家的壮志。君子的人生理想——修身、齐家、治国、平天下,说明了君子并非只关注自己的安稳与圆满,而更重视天下的治平,即济世安民。这种追求,不仅滋养了他们对国家、民族深厚的热爱之情,也造就了一大批具有家国情怀的英雄豪杰,也成为中国文明不断进取的精神原动力。

作为新时代的小学生,我们应该多看看历史方面的书,了解古代爱国志士的事迹,体会和学习民族英雄身上的爱国精神。我们要把个人的理想和国家命运相结合,充分认识到只有祖国繁荣昌盛,我们的生活才会更加美好。

【诗词体验】

战士在万里之外征战沙场,在同一轮明月下他们的家人在做什么呢?请你想象一下他们的对话:

白发苍苍的双亲,拄着拐杖,倚在门口,对远方的儿子说:"————"

勤劳善良的妻子，干完农活，站在村口，对远方的丈夫说："_____"

孤苦年幼的孩子，缺衣少食，爬上山坡，对远方的父亲喊："_____"

【经典章句】

以家为乡，乡不可为也；以乡为国，国不可为也；以国为天下，天下不可为也。以家为家，以乡为乡，以国为国，以天下为天下。——《管子·牧民·六亲五法》

浅释：如果用治理家族的方法治理乡，那么乡一定治理不好；如果用治理乡的方法治理国家，那么国家一定治理不好；如果用治理国家的方法治理天下，那么天下一定治理不好。应该按照治家的要求治家，按照治乡的要求治乡，按照治国的要求治国，按照治天下的要求治理天下。

【学生书画作品】

作者：吴泽慧

第二篇

【原文】

春　　望

唐·杜甫

国①破山河在,城春草木深。

感时花溅泪,恨别鸟惊心。

烽火②连三月,家书抵万金。

白头搔更短,浑欲不胜簪③。

【注释】

①国:国都,指长安(今陕西省西安市)。

②烽火:古时边防报警的烟火,这里指安史之乱的战火。

③簪(zān):一种束发的饰物。古代男子蓄长发,成年后束发于头顶,用簪子横插住,以免散开。

【赏析】

这首诗结构紧凑,围绕"望"字展开。前四句借景抒情,诗人登高远望,视线由远及近,感情也逐渐增强,就在这情景交汇中传达出诗人的感慨、忧愁和愤怒。开篇描绘国都萧索的景色,作者眼观春花而泪流,耳闻鸟鸣而怨恨。后四句写战事持续很久,连收到家书都是一种奢求,最后感慨自己已然老去,由景入情,情感层层递进,引发人们的共鸣。

全诗格律严整,颔联分别以"感时花溅泪"应首联国破之叹,以"恨别鸟惊心"应颈联思家之忧,尾联则强调忧思之深导致发白而稀疏,对仗精巧,奠定了悲壮的感情基调。反映了古代君子热爱国家、向往和平的美好愿望,也展示出诗人忧国忧民、感时伤怀的高尚情感。

【诗中君子】

唐天宝十四年(755年),安禄山起兵叛唐。次年,叛军攻陷潼关,唐玄宗匆忙逃往四川。诗人杜甫不幸被叛军俘获,被解送至长安。身处沦陷区的杜甫目睹了长安城一片萧条零落的景象,不禁哀呼"国破山河在,城春草木深",他眼观春花而泪流,耳闻鸟鸣而怨恨。这首诗反映了以杜甫为代表的心怀家国天下的君子忧国忧民、感时伤怀的高尚情操。

我们小学生应该培养博爱精神,爱自己的父母,爱自己的老师和同学,还要爱身边的人或者小动物。只有我们富有博爱精神,爱国精神才能落到实处。

【诗词体验】

诗中"白头搔更短,浑欲不胜簪"刻画了怎样的诗人形象?你能用自己的话说一说、写一写吗?

【经典章句】

乐以天下,忧以天下。——孟轲《孟子·梁惠王下》

浅释:以天下百姓的快乐为快乐,以天下百姓的愁苦为愁苦。

【学生书画作品】

作者：吴泽慧

第三篇

【原文】

过零丁洋①
宋·文天祥

辛苦遭逢起一经,干戈寥落四周星。
山河破碎风飘絮,身世浮沉雨打萍。
惶恐滩②头说惶恐,零丁洋里叹零丁。
人生自古谁无死?留取丹心照汗青③。

【注释】

①零丁洋:即伶仃洋,位于广东省珠江口外。1278年底,文天祥率军在广东五坡岭与元军激战,兵败被俘,囚禁于船上,曾经过零丁洋。

②惶恐滩:位于今江西省万安县,是赣江中的险滩。1277年,文天祥在江西被元军打败,军队死伤惨重,他经惶恐滩撤到福建。

③汗青:即史册。古代在竹简上记事,先用火烤青竹,使其中的水分渗出如汗,干后易写,而且不受虫蛀,故称汗青。

【赏析】

首联作者用"干戈寥落"四字,暗含着对苟且偷生者的愤激,对投降派吕师孟、贾余庆、刘启等一伙人的谴责。"寥落",一作"落落",其意相反,则是指作者自己频繁的战斗生涯,但所

揭示的内涵远不及"寥落"广阔。颔联"身世浮沉"并非是指个人仕途的穷通,而是概括出作者艰苦卓绝的斗争和坎坷不平的一生,对仗工整,感情真挚。颈联追述今昔不同的处境,昔日在惶恐滩边忧国忧民,如今战败途经零丁洋依然心系国家,两个带有感情色彩的地名流露出作者的满腔悲愤。尾联笔势一转,露出理想:"人生自古谁无死?留取丹心照汗青。"全诗格调顿然一变,由沉郁转为豪迈、磅礴,表现出作者的民族气节和舍身取义的生死观。

【诗中君子】

1278年,文天祥在五坡岭兵败被俘,敌人逼迫他写信招降固守崖山的张世杰等人,文天祥不从,出示此诗以明志,吟出"人生自古谁无死?留取丹心照汗青"的千古名句,激励和感召古往今来无数志士仁人为正义事业英勇献身。

文人是文化领域的君子,扛起的是忧国忧民的大旗。面对绝境,他们英勇无畏、宁死不屈,体现了慷慨激昂的爱国热情和视死如归的高风亮节,这也是数千年来支撑中华民族生生不息、弱而复强、衰而复兴的灵魂和脊梁。

热爱国家,首先要了解国家,我们小学生应该通过各种途径了解国家大事,加深对祖国和世界的认识,从而激发对祖国的热爱之情。

【诗词体验】

假如你是固守崖山的张世杰,你收到了文天祥以诗明志的

《过零丁洋》,你会给他写一封怎样的回信呢?

【经典章句】

　　苟利国家,不求富贵。——《礼记·儒行》

　　浅释:如果这个事有利于国家,那么就算会影响个人的富有显贵也要去做。

【学生书画作品】

　　作者:孙雨洁

第四篇

【原文】

示　儿

宋·陆游

死去元知万事空,但悲不见九州①同。

王师北定中原②日,家祭③无忘告乃翁。

【注释】

①九州:这里代指宋朝时的中国。古代中国分为九州,所以常用九州指代中国。

②中原:指淮河以北被金人侵占的地区。

③家祭:祭祀家中先人。

【赏析】

陆游一生致力于抗金斗争,一直希望能收复中原。虽然频遇挫折,却始终未改变初衷。从诗中可以领会到诗人的爱国激情是何等的执着、深沉、热烈、真挚,也是诗人毕生的心事。诗人始终如一地抱着汉民族必然要光复旧地的信念,对抗金事业具有必胜的信心。题目是《示儿》,相当于遗嘱。在短短的篇幅中,诗人披肝沥胆地嘱咐着儿子,无比光明磊落、激动人心,浓浓的爱国之情跃然纸上。

此诗用笔曲折,行文多变,情真意切地表达了诗人临终时复

杂的思想情绪和忧国忧民的爱国情怀,既有对抗金大业未就的无穷遗恨,也有对神圣事业必成的坚定信念。全诗有悲的成分,但基调是激昂的。语言浑然天成,没有丝毫雕琢,全是真情的自然流露,但比着意雕琢的诗更美、更感人。

【诗中君子】

君子时刻关注着国家的前途命运,面对国家危亡,虽然不能像英雄将士一样上阵杀敌,保卫国家,但是也表现出了强烈的爱国精神。南宋诗人陆游自幼便立志抗金,坚决主张对金作战,收复失地,后投笔从戎。即使被主和派诬陷免官,他依然心系国家,在临终前留下了"王师北定中原日,家祭无忘告乃翁"的名句。

我们小学生对祖国的热爱,更多被应体现在身边的小事上。如对于公物要爱护,也要劝诫别的同学不要破坏公物。因为这些都是集体财产或者国家财产,应该要去保护它们。

【诗词体验】

诗人陆游生活在战火纷飞的年代,收复河山、统一祖国成了他的遗愿。如今我们生活在和平统一的新中国,你能写几句话给他,来告慰他的在天之灵吗?

【经典章句】

物格而后知至,知至而后意诚,意诚而后心正,心正而后身修,身修而后家齐,家齐而后国治,国治而后天下平。——《礼记·大学》

浅释：通过对万事万物的认识研究，才能获得知识；获得知识后，意念才能真诚；意念真诚后，心思才能端正；心思端正后，才能修养品性；品性修养后，才能管理好家庭、家族；家庭、家族管理好了，才能治理好国家；治理好国家后，才能使天下太平。

【学生书画作品】

作者：夏一诺

第五篇

【原文】

破阵子·为陈同甫赋壮词以寄

宋·辛弃疾

醉里挑灯看剑,梦回吹角连营。

八百里①分麾下炙,五十弦②翻塞外声。

沙场点秋兵。

马作的卢③飞快,弓如霹雳弦惊。

了却君王天下事,赢得生前身后名。

可怜白发生!

【注释】

①八百里:牛名。《世说新语·汰侈》记载:晋王恺有良牛,名"八百里驳"。后世诗词多以八百里指牛。

②五十弦:原指瑟,此处泛指各种乐器。

③的卢:良马名,一种烈性快马。

【赏析】

词的上片写作者闲居在家,只能在深夜酒醉之时,端详着自己征战功场时用的宝剑,回忆起当年战场上的往事:闻角梦回、连营分炙、沙场点兵……词的下片写了酣畅的战斗场面,战马飞奔快如的卢,万箭齐发声如霹雳,然而在词的最后,即发出一声长叹:"可怜白发生!"原来不过是一场梦。作者只能在醉中挑灯看剑,在梦中驰骋杀敌,而醒时只能发出悲叹。从情感的巅峰猛然跌落,出人意外,扣人心弦,产生强烈的艺术效果。这首词表现了作者的远大抱负,也抒发了以作者为代表的爱国志士壮志难酬的悲愤和报国无门的苦闷。

【诗中君子】

辛弃疾反对南宋王朝妥协投降,希望收复中原、统一祖国。他向朝廷进献抗金策略,训练军队,时刻为抗金做准备,"醉里挑灯看剑,梦回吹角连营",他无时无刻不在想着沙场杀敌、为国效力,但朝廷的腐败使他壮志未酬。古代的君子们坚守对国家的热爱,心系家国天下,表现出了可贵的民族气节。

古人爱国情愿为国捐躯,我们小学生爱国可以体现在一些小事当中。如升国旗的时候,戴好红领巾,两眼注视着国旗,端正行礼。对国旗的尊重和爱护,就是对国家的尊重和热爱。

【诗词体验】

不只是辛弃疾有壮志雄心,不只是古代战士们有壮志雄心,不只是军人这个职业有壮志雄心,我们每一个人,你、我、他都可以有。就让我们凭着这壮志雄心,像雄鹰一样展翅翱翔,自由地飞到天空,去成就梦想吧!请以《我有壮志雄心》为题,写一篇文章。

【经典章句】

临患不忘国,忠也。——左丘明《左传·昭公元年》

浅释:面临祸患而不忘记国家,这是忠心。

【学生书画作品】

作者:张杨雪紫

第三单元　君子好学

导　语

"青春虚度无所成,白首衔悲亦何及。"中华文明,浩瀚千年,文化传承,生生不息。君子博学,学贯古今;君子博学,学以致用。为学之道,贵在勤学,贵在严谨,贵在好问,贵在实践。君子于学,贵乎专;君子于学,贵有恒。当效君子,为学为道。

第一篇

【原文】

冬夜读书示子聿①
宋·陆游

古人学问无遗力②,少壮工夫老始成③。
纸上得来终觉浅④,绝知此事要躬行⑤。

【注释】

①示:训示、指示。子聿(yù):陆游的小儿子。

②学问:指读书学习,就是学习的意思。无遗力:用出全部力量,没有一点保留,不遗余力,竭尽全力。遗,保留,存留。

③少壮:青少年时代。工夫:做事所耗费的时间。始:才。

④纸:书本。终:到底,毕竟。觉:觉得。浅:肤浅,浅薄,有限的。

⑤绝知:深入、透彻地理解。躬行:亲身实践。行,实践。

【赏析】

这首诗是诗人于庆元五年(1199年)于山阴写给小儿子陆子聿的,此时陆子聿二十一岁,正值"少壮"。诗人在冬日寒冷的夜晚,沉醉于书房,乐此不疲地啃读诗书。窗外,北风呼啸,冷气逼人,诗人在静寂的夜里,抑制不住心头奔腾踊跃的情感,写下了这首哲理诗并满怀深情地送给了儿子子聿。

诗人在书本与实践的关系上强调了实践的重要性。间接经验是人们从书本中汲取营养,学习前人的知识和技巧的途径;直接经验是直接从实践中产生的认识,是获取知识更加重要的途径。只有通过"躬行",把书本知识变成实际知识,才能发挥所学知识对实践的指导作用。

【诗中君子】

《论语》开篇就讲"学"与"习",强调"习"的重要性。"习"就是实践,可见实践很重要哦。《论语》一书中没有多少古代典籍的内容,反复述说的是如何做人,如何做事。孔子说自己在身体力行方面还没有取得君子的成就,这是自谦之词,但我们也能从中体悟出知易行难的深刻道理。

【诗词体验】

请引用本诗中的诗句填空,会是哪一句呢?

我家养了缸小金鱼,每天我都照着《饲养金鱼须知》上的要求去喂养他们,可还是没有隔壁张爷爷家的金鱼养得好。我去请教张爷爷,张爷爷语重心长地说:"(　　　　),(　　　　)。"

【经典章句】

子曰:"文,莫吾犹人也。躬行君子,则吾未之有得。"——《论语·述而》

浅释:孔子说:"就书本知识来说,大约我和别人差不多。做一个身体力行的君子,那我还没有做到。"

【学生书画作品】

作者：李诗菡

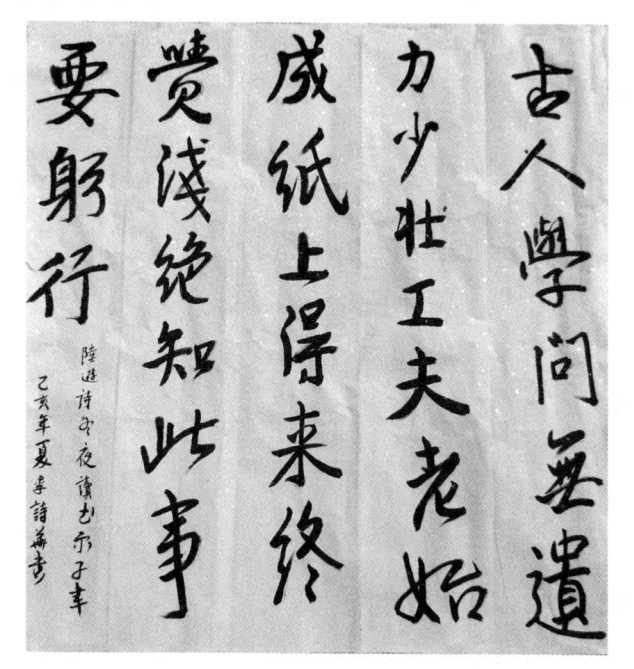

> 古人学问无遗力，少壮工夫老始成。纸上得来终觉浅，绝知此事要躬行。
>
> 陆游诗冬夜读书示子聿
>
> 乙亥年夏李诗菡书

第二篇

【原文】

书　　院

宋·刘过

力学如力耕，勤惰尔①自知。

但使书种多，会有岁稔②时。

【注释】

①尔：你。

②稔：熟悉。

【赏析】

这是一首劝学诗，诗人用比喻的手法，通俗生动地阐明了勤奋学习就有收获的道理。

诗人先用比喻将努力学习与用力耕田联系起来，生动形象，努力学习就像是用力气去耕田，勤劳、懒惰只有自己会知道。接着说明只要读书多，就会有收获。

【诗中君子】

"学习，明理之所在、物之所以，知为人之本、处世之道。以此君子，学也效也，学君子所教，效君子所为；学而习之，才德俱备，品行兼优，为人所尊。"表明了君子的学习境界。君子于学，

贵在处世之道、为人之本;君子于学,当敏而好学,勤于思考。

为君子者,当有好学之心;为君子者,应有勤学之力;为君子者,更应有博学之才。此诗中君子,博闻强识,勤学自勉。

【诗词体验】

努力学习就像是用力气去耕田,这一比喻形象生动,如果要你把努力学习打个比方,你会怎么写:

力学如(　　),勤惰尔自知。

【经典章句】

君子之言寡而实,小人之言多而虚。君子之学也,入于耳,藏于心,行之以身;君子之治也,始于不足见,终于不可及也。君子虑福弗及,虑祸百之;君子择人而取,不择人而与;君子实如虚,有如无。——刘向《说苑》

浅释:君子少言寡语,但句句是真实的。小人夸夸其谈,往往言之无物。君子做学问,耳听见了,就记在心里,并时刻以行动去践行;君子治理事情,开始的时候很微小,最后达到极高的程度。君子很少考虑顺利的方面,对于一切的困难却考虑得周全。君子有所求的时候会有选择地去求人,而无论什么人有求于君子,君子都会帮助。君子并不表露自己有的东西,依然和没有什么一样。

【学生书画作品】

作者：邵艺嘉

第三篇

【原文】

观书有感（其一）
宋·朱熹

半亩方塘一鉴开①，天光云影共徘徊②。

问渠那得清如许③，为有源头活水来④。

【注释】

①方塘：又称半亩塘，在福建尤溪城南郑义斋馆舍（后为南溪书院）内。朱熹父亲朱松与郑交好，故尝有《蝶恋花·醉宿郑氏别墅》词云："清晓方塘开一境。落絮飞花，肯向春风定。"鉴：一说为古代用来盛水或冰的青铜大盆，也有学者认为指的是镜子。这里是指塘水像鉴（镜子）一样可以照人。

②"天光"句：是说天的光和云的影子倒映在塘水之中，不停地变动，犹如人在徘徊。徘徊，来回移动。

③渠：它，第三人称代词，这里指方塘之水。那得：怎么会。那，同"哪"，怎么的意思。清：清澈。如许：如此，这样。

④为：因为。源头活水：比喻知识是不断更新和发展的，只有在人生中不断地学习、运用和探索，才能使自己永葆先进和活力，就像水的源头一样。

【赏析】

　　这是一首抒发读书体会的哲理诗,在描绘事物本身感性的形象时,又蕴涵了理性的东西。

　　"半亩方塘一鉴开,天光云影共徘徊",方塘不算大,只有半亩大小,但它像一面镜子那样澄澈明净,"天光云影"都被它倒映出来了,闪耀浮动,情态毕现。作为一种景物描写,可以说是写得十分生动。这两句展现的形象本身就能给人以美感,能使人心情澄净,心胸开阔。你能想象出如镜的半亩方塘中倒映的天光云影是何种的情态吗?

【诗中君子】

　　明朝王阳明先生有一句名言,这就是"君子之学,惟求其是"。那么,究竟怎样才算是"求是"呢?要解释这一点,就要从"悟道"说起。从表象上来看,悟道就是比其他人有更敏锐的眼光、更高的觉悟,能看出别人所不能看到的缺陷,能看出别人所不能察觉的发展轨迹。但是从本质上说,悟道就是符合客观规律,近距离地触摸到事实真相。

　　任何的学习和实践都是过程,而不是目的。学得再好,实践再彻底,并不意味着悟道,关键在于对不对,是否契合客观规律和发展轨迹。由此,也说明学习和实践的目的都在于"求是"。这就是王阳明先生说"君子之学,惟求其是"的原委。那么,"问渠那得清如许"中问的又是怎样的道理呢?

【诗词体验】

"问渠那得清如许,为有源头活水来"是千古名句,常常被人们引用。人们引用的是它的引申意义:工作、学习、事业等为什么能取得好成绩,那是因为不断地求知、探索。

联系你的学习收获写一段话,要求在话中引用这句诗。

【经典章句】

凡学之道,正其心,养其性而已。中正而诚,则圣矣。君子之学,必先明诸心,知所养,然后力行以求至,所谓"自明而诚"也。故学必尽其心,尽其心则知其性。知其性,反而诚之,圣人也。——程颐《颜子所好何学论》

浅释:学习的方法,就是正心养性。内心中正,真诚信实,就可称为圣人了。

文中认为颜回所好之学即学圣人之道。提出为学之道就是正心、养性。从而明确提出,学的目的不是学知识,而是进行心性修养。

【学生书画作品】

作者：刘佳怡

> 半亩方塘一鉴开，天光云影共徘徊。
> 问渠那得清如许，为有源头活水来。
>
> 录朱熹诗一首 己亥夏 刘佳怡书

第四篇

【原文】

劝　学
唐·孟郊

击石乃①有火,不击元②无烟。

人学始知道③,不学非自然④。

万事须已运⑤,他得非我贤⑥。

青春⑦须早为,岂⑧能长少年。

【注释】

①乃:才。

②元:原本、本来。

③始:方才。道:事物的法则、规律。这里指各种知识。

④非:不是。自然:天然。

⑤运:运用。

⑥贤:才能。

⑦青春:指人的青年时期。

⑧岂:难道。

【赏析】

这首《劝学》是唐代诗人孟郊所写的五言律诗,不同于颜真卿的《劝学》,全诗八句四十个字,说出学习读书的重要性。

只有击打石头，才会有火花；如果不击打，连一点儿烟也不冒出。人也是这样，只有通过学习，才能掌握知识；如果不学习，知识不会从天上掉下来。任何事情必须自己去实践，别人得到的知识不能代替自己的才能。青春年少时期就应努力，一个人难道能够永远都是少年吗？

该诗告诫世人，不学习知识，知识不会从天而降。错过了学习的时间，少年时光不会回来。

【诗中君子】

"君子曰：学不可以已。青，取之于蓝，而青于蓝；冰，水为之，而寒于水。木直中绳，輮以为轮，其曲中规。虽有槁暴，不复挺者，輮使之然也。故木受绳则直，金就砺则利，君子博学而日参省乎己，则知明而行无过矣。"

这段话出自战国时期思想家、文学家荀子创作的论说文《劝学》，较系统地论述了学习的理论和方法，分别从学习的重要性、学习的态度以及学习的内容和方法等方面，全面而深刻地论说了有关学习的问题。从古至今，君子对学习的重视与探讨从没有停止过。

【诗词体验】

自古以来，劝学的诗文很多，比如陶渊明《杂诗》："盛年不重来，一日难再晨。及时当勉励，岁月不待人！"岳飞《满江红》："三十功名尘与土，八千里路云和月。莫等闲，白了少年头，空悲切。"

你还知道哪些与劝学有关的诗句?

如果请你劝学,你会写怎样的诗句?

【经典章句】

发虑宪,求善良,足以謏闻,不足以动众;就贤体远,足以动众,未足以化民。君子如欲化民成俗,其必由学乎!玉不琢,不成器;人不学,不知道。是故古之王者建国君民,教学为先。——《礼记·学记》

浅释:思虑要合于法度,征求品德善良的人士辅佐自己,可以得到小小的声誉,却不能够感动民众;如果屈就、亲近有贤德和才华的人,可以感动民众,但不能改变民心。君子要想感化民心,改变风俗,就一定要重视设学施教啊!玉石不经雕琢,就不能变成好的器物;人不经过学习,就不会明白道理。所以古代仁君圣王建立国家、统治人民,一定要把教育放在首要地位。

【学生书画作品】

作者：章冰彦

击石乃有火，不击元无烟。人学始知道，不学非自然。万事须己运，他得非我贤。青春须早为，岂能长少年。

唐代诗人孟郊 劝学

己亥年章冰彦书

第五篇

【原文】

长 歌 行①
汉·汉乐府

青青园中葵②,朝露待日晞③。
阳春布德泽④,万物生光辉。
常恐秋节⑤至,焜黄华叶衰⑥。
百川东到海,何时复西归?
少壮⑦不努力,老大徒伤悲⑧。

【注释】

①长歌行:汉乐府曲题。这首诗选自《乐府诗集》卷三十,属相和歌辞中的平调曲。

②葵:葵菜,是中国古代重要蔬菜之一。

③朝露:清晨的露水。晞:天亮,引申为阳光照耀。

④"阳春"句:阳春是露水和阳光都充足的时候,露水和阳光都是植物所需要的,都是大自然的恩惠,即所谓的"德泽"。布,布施,给予。德泽,恩惠。

⑤秋节:秋季。

⑥焜黄:形容草木凋落枯黄的样子。华(huā):同"花"。衰:读 cuī。

⑦少壮:年轻力壮,指青少年时期。

⑧老大：指年老了，老年。徒：白白地。

【赏析】

这是一首中国古典诗歌，属于汉乐府诗，是劝诫世人惜时奋进的名篇。

此诗从整体构思看，主要意思是说时节变换得很快，光阴一去不返，因而人要珍惜青少年时期，发愤努力，使自己有所作为。

全诗以景寄情，由情入理，将"少壮不努力，老大徒伤悲"的人生哲理，寄寓于朝露易干、秋来叶落、百川东去等鲜明形象中，发出时光易逝、生命短暂的感叹，鼓励人们紧紧抓住随时间飞逝的生命，趁少壮年华有所作为。

【诗中君子】

"君子有三惜：此生不学，一可惜；此日闲过，二可惜；此身一败，三可惜。"（《明史》）除少数极富天赋者外，一般人生下时的智商是相差无几的，孰聪明，孰愚钝，全靠后天的学习。"此生不学"，之所以"可惜"，是因为他学不到知识，学不到技术，学不到科学，光靠个人极为有限的经验生活，视野狭窄，思维闭塞，是无法融入日新月异的时代潮流的，"落伍"便是那些"此生不学"者的最终归宿。"此生不学"更为"可惜"的是，他无法走近真理，以真理清心明志，弃恶扬善，使自己"永如青年有勃勃生气"（梁启超语）。

【诗词体验】

诗中勉励青少年要抓紧时间,及时努力,趁少壮年华有所作为。类似句子还有哪些?

诗中"百川东到海"是说成百上千条河流向东流向大海。我们曾学过一首词,其中有一句与此句相反,请写出这一句。

参见诗词《浣溪沙》:游蕲水清泉寺,寺临兰溪,溪水西流。山下兰芽短浸溪,松间沙路净无泥。潇潇暮雨子规啼。 谁道人生无再少?门前流水尚能西!休将白发唱黄鸡。

【经典章句】

钱思公虽生长富贵,而少所嗜好。在西洛时,尝语僚属,言平生唯好读书,坐则读经史,卧则读小说,上厕则阅小辞,盖未尝顷刻释卷也。谢希深亦言宋公垂同在史院,每走厕,必挟书以往,讽诵之声琅然,闻于远近,其笃学如此。余因谓希深曰:"余生平所作文章,多在'三上',乃马上、枕上、厕上也。"盖唯此尤可以属思尔。——欧阳修《归田录》

浅释:钱思公虽然出身富贵之家,但是没什么嗜好。在西京洛阳时曾经告诉僚属,说这一生只喜欢读书,坐着的时候就读经史,躺在床上就读各种杂记,上厕所的时候就读短小的诗词,大概从来没有片刻离开书的时候。谢希深也说:"同在史院的宋公垂,每当去厕所都夹着书,诵读的声音清脆,远远的地方都能听到,他是如此的好学。"我于是告诉希深,说:"我平生所作文章,多在'三上',就是马上、枕上、厕上。"大概只有此等之处可以构思吧。

【学生书画作品】

作者：孙冉

> 长歌行
> 青青园中葵，朝露待日晞。
> 阳春布德泽，万物生光辉。
> 常恐秋节至，焜黄华叶衰。
> 百川东到海，何时复西归。
> 少壮不努力，老大徒伤悲。
>
> 己亥年夏 陈冉书

知礼重义

第四单元　君子知礼

第五单元　君子重义

第六单元　君子益友

第四单元　君子知礼

导　语

中国素有礼仪之邦的美誉。孔子说"不学礼,无以立",就是说不学会礼仪,就难以有立身之处。这是老祖宗留给我们的真实教诲,以礼待人才能以理服人。行为是否符合礼仪就是君子和小人的区别。

第一篇

【原文】

题弟侄书堂
唐·杜荀鹤

何事①居穷道不穷,乱时还与静时同。
家山虽在干戈②地,弟侄常修礼乐③风。
窗竹影摇书案上,野泉声入砚池中。
少年辛苦终身事,莫向光阴惰寸功。

【注释】

①何事:为什么。

②干戈:干和戈本是古代打仗时常用的两种兵器,这里指战争。

③礼乐(yuè):这里指儒家思想。礼,泛指古代社会规范和道德体系。乐,音乐。

【赏析】

这首诗是杜荀鹤为侄子的书堂所题,目的是勉励侄子为了终身的事业,要珍惜光阴,勤奋学习。首联赞赏侄子信守儒家尊奉的道德规范,重视修身立德,"家山虽在干戈地",仍要"常修礼乐风"。对比之中既明弟侄的勤勉好学,更显其卓然的高洁品格。颈联则由人写到书堂之景:窗外绿竹摇曳,影入书案,远处泉水潺潺,流入砚池。视觉与听觉相结合,我们仿佛看到其侄子伏案苦读、砚池墨耕的情形。尾联是对侄子的劝勉之辞,劝侄子莫荒废时光、学业。

【诗中君子】

　　从这首诗中我们可以感受到古人非常重视"修礼乐风"立德修身。什么是礼仪?礼仪就是律己、敬人的一种行为规范,是表现对他人尊重和理解的过程和手段。礼仪的"礼"字指的是尊重,即在人际交往中既要尊重自己,也要尊重别人。古人讲"礼者敬人也",实际上是一种待人接物的行为规范。礼仪的"仪"字顾名思义,仪者仪式也,即尊重自己、尊重别人的表现形式。总之礼仪是尊重自己、尊重别人的表现形式,是待人接物之道。

【诗词体验】

　　说一说:结合生活、学习以及《小学生守则》,说说你知道哪些文明礼仪。

　　议一议:自己有哪些好的礼仪习惯。

　　找一找:对身边不讲礼仪的不文明现象,谈谈自己的看法。

　　画一画:画一幅漫画或宣传画。

【经典章句】

　　君子以仁存心,以礼存心:仁者爱人,有礼者敬人。爱人者人恒爱之,敬人者人恒敬之。——孟轲《孟子·离娄下》

浅释：君子与一般人不同的地方在于，他内心所怀的念头不同。君子内心所怀的念头是仁，是礼。仁爱的人爱别人，礼让的人尊敬别人。爱别人的人，别人也会爱他；尊敬别人的人，别人也会尊敬他。

人有礼则安，无礼则危，故曰：礼者不可不学也。——《礼记·曲礼上》

浅释：人有礼仪规范就会安全顺遂，没有礼仪规范就会有危害。所以说，礼仪是不能不学习的。

【学生书画作品】

作者：吴一伊

第二篇

【原文】

慈乌[①]夜啼（部分）
唐·白居易

慈乌失其母，哑哑吐哀音。
昼夜不飞去，经[②]守故林。
夜夜夜半啼，闻者为沾襟[③]。
声中如告诉，未尽反哺心。

【注释】

①慈乌：一种较小的乌鸦，有母慈子孝的美德，故称慈乌。

②经年：整年、终年。

③沾襟（zhānjīn）：眼泪沾湿衣襟。

【赏析】

　　慈乌失去了它的母亲，伤心得一直哑哑啼哭。早晚守着老树林，整年都不肯飞离。每天半夜都哀鸣啼哭，听到的人也忍不住泪湿衣襟。慈乌的啼哭声仿佛在哀诉着自己未能及时尽到反哺孝养之心。诗中借慈乌的夜啼，来说明母亲给予子女的恩惠，子女无论如何也报答不了。

【诗中君子】

我国自古以来崇尚在家庭里面遵从长辈,在社会上尊敬长者。孟子说:"养老尊贤,俊杰在位,则有庆。"这种传统礼仪在过去和现代,对于形成和谐的人际关系,都起着重要作用。尊老是中国传统文化中的重要内容。

【诗词体验】

如果慈乌能用语言表达情感,它会说什么呢?请以慈乌的口吻写一段话。

【经典章句】

曾子曰:幸有三,大孝尊亲,其次弗辱,其下能养。——《礼记·祭义》

浅释:孝顺的行为可以分成三个等级,最高一等是言语、行为和内心都能尊敬父母,其次一等是不打骂侮辱父母,对他们好,再下一等是能给他们养老送终。

【学生书画作品】

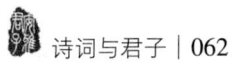

作者：何瑞涵

第三篇

【原文】

蜀　　相①

唐·杜甫

丞相祠堂何处寻,锦官城外柏森森②。
映阶碧草自春色,隔叶黄鹂空好音。
三顾频烦③天下计,两朝开济老臣心。
出师未捷身先死,长使英雄泪满襟。

【注释】

①蜀相:三国蜀汉丞相,指诸葛亮。
②柏(bǎi)森森:柏树茂盛的样子。
③频烦:频繁。

【赏析】

这首诗抒发了诗人对诸葛亮才智品德的崇敬和功业未遂的感慨。全诗熔情、景、议于一炉,既有对历史的评说,又有现实的寓托,在历代咏赞诸葛亮的诗篇中,堪称绝唱。三顾,指诸葛亮在南阳隐居时,刘备三次登门拜访的事。诸葛亮《出师表》上说:"先帝不以臣卑鄙,猥自枉屈,三顾臣于草庐之中。"

【诗中君子】

"三顾频烦天下计,两朝开济老臣心",诗中提到的便是大家非常熟悉的一个典故——"三顾茅庐"。说到尊重人才,刘备称得上是一个榜样。他为了请诸葛亮做军师,不辞辛劳地三次亲自去拜访,最终将诸葛亮请出山成了他的军师。从此,诸葛亮的雄才大略得以充分发挥,为刘备的事业"鞠躬尽瘁,死而后已"。正是因为有了君王的敬贤,才有了臣子的精忠。可以说,这都源于尊重的力量,尊重赢得信赖,信赖创造美好境界。

【诗词体验】

1. 正因有了明君刘备的"君敬",才有了贤臣诸葛亮的"臣忠"。当诸葛亮得知刘备三次登门,他心中一定感慨万千,他会怎样想呢?试着写一写吧。也可以尝试用诗的形式来表达。

2. 统计:每日能否说三十次以上的"谢谢"。

【经典章句】

人无礼则不生,事无礼则不成,国家无礼则不宁。——荀况《荀子·修身》

浅释:人不守礼就没法生存,做事不守礼就不能成功,国家不守礼则不安宁。

君子泰而不骄,小人骄而不泰。——《论语·子路》

浅释:君子宽宏大量,胸襟开阔,光明磊落,泰然自若而不骄傲;小人表面骄傲,但内心是自卑的,心境不泰然。

【学生书画作品】

作者：吴予峥

蜀相
唐·杜甫

丞相祠堂何处寻，锦官城外柏森森。
映阶碧草自春色，隔叶黄鹂空好音。
三顾频烦天下计，两朝开济老臣心。
出师未捷身先死，长使英雄泪满襟。

第四篇

【原文】

喜春来

元·佚名

垂门艾挂狰狰虎,竞水舟飞两两凫①,浴兰汤斟绿醑②泛香蒲。五月五,谁吊楚三闾③?

香橙肥蟹家家酒,红叶黄花处处秋,极追寻高眺望绝风流。九月九,莫负少年游。

【注释】

①凫(fú):野鸭。

②醑(xǔ):美酒。

③楚三闾(lǘ):指屈原,他曾任楚国三闾大夫。

【赏析】

上面节选的这两曲均是写佳节的作品,分别描述了五月五和九月九的节日习俗。这两个日子是中国最传统的节日,均由来已久,作者选取节日来作曲子,大概是看上它的月日相衬,韵调好配,而且意义深远,寄托了很多忧思和情思。

【诗中君子】

"五月五,谁吊楚三闾""九月九,莫负少年游",中华民族素来注重通过适合的形式,表达人们内心丰富的情感。遇到重大节日和发生重要事件,多有约定俗成的仪矩。久而久之,就形成许多节庆及礼仪形式,如春节、元宵节、中秋节、重阳节等等,几乎每个节日,都有特定的礼俗。今天,我们要保持和发扬中华民族优秀的礼仪文明,最重要的一点,就是贵在适宜。

【诗词体验】

小组探究:开展综合性学习,各小组选择一个传统节日进行调查了解,再分享交流。

【经典章句】

国尚礼则国昌,家尚礼则家大;身有礼则自修,心有礼则自泰。——颜元

浅释:国家崇尚礼仪就能昌盛,家庭崇尚礼仪就可兴大业;一个人有礼仪就可以提升自己的修养,心中有礼仪就可以使心灵安泰。

礼义廉耻,国之四维;四维不张,国乃灭亡。——《管子·牧民》

浅释:礼、义、廉、耻,是国家得以存在的四项基础。如果这四项基础被动摇,那么国家将会不存在。

【学生书画作品】

作者：王谨恩

第五篇

【原文】

梅圣俞寄银杏(李选)
宋·欧阳修

鹅毛赠千里,所重以其人。
鸭脚①虽百个,得之诚可珍。
问予得之谁,诗老远且贫。
霜野摘林实,京师寄时新。

【注释】

①鸭脚:指银杏的果实。由于银杏叶形如鸭掌,故又称为鸭掌叶,并以鸭脚作为银杏的代称。

【赏析】

成语"千里鹅毛"就是出自诗句"鹅毛赠千里,所重以其人"。欧阳修是当时的文坛领袖,梅圣俞也就是当时有名的诗人梅尧臣,家住安徽宣城,两人是至交好友,总是相互挂念着对方。宣城盛产银杏,梅圣俞亲自采摘银杏果实,不远千里寄赠给好友欧阳修。收到银杏后,欧阳修赋诗答谢,诗中以银杏蕴含的珍贵意义,表达了梅圣俞对他的深情厚谊。

【诗中君子】

"千里送鹅毛"的故事发生在唐朝。中华文化源远流长,自古以来就非常重视礼节,被誉为礼仪之邦。逢年过节或喜庆场合,人们总会礼尚往来互赠礼物,联络彼此感情。其实,收礼、送礼都是学问,最重要的是要让收礼者感受到送礼者的诚意。所以说"千里送鹅毛"看重的是情而非礼,礼物虽然微薄,却含有深厚的情谊。"礼轻情意重"正符合礼节文化中重情重义的古训。

【诗词体验】

1. 诵诗:有不少古诗中写到了朋友之情,你能背诵一首吗?
2. 为母亲节、父亲节、教师节、朋友生日等重要纪念日设计一份特别的礼物。

【经典章句】

君子之交淡若水,小人之交甘若醴;君子淡以亲,小人甘以绝。彼无故以合者,则无故以离。——庄周《庄子·山木》

浅释:君子的友谊淡得像清水一样,小人的交情甜得像甜酒一样;君子淡泊却心地亲近,小人甘甜却利断义绝。大凡无缘无故而接近相合的,那么也会无缘无故地离散。

礼尚往来,往而不来,非礼也;来而不往,亦非礼也。——《礼记·曲礼上》

浅释:礼制上崇尚来往。有往无来不合礼仪,有来无往也不

合礼仪。

【学生书画作品】

　　作者：许奕可

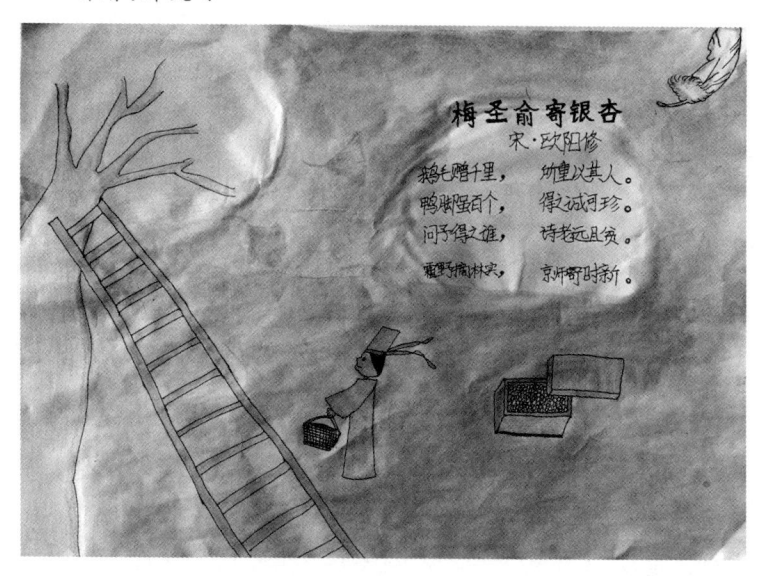

第五单元　君子重义

导　语

千百年来,君子文化推动着国家的进步与社会的发展,塑造了中华民族的精神品质,完善了个人的内在品格。君子文化包含的思想与社会主义核心价值观的内容一脉相承,是我们强大的精神动力。君子文化中的"义",不仅是每个人应该遵守的行为规范,更是在国家利益面前应该做出的正确抉择。

第一篇

【原文】

小重山·端午

元·舒頔

碧艾香蒲处处忙。谁家儿共女,庆端阳?细缠五色臂丝①长。空惆怅,谁复吊沅湘?

往事莫论量。千年忠义气,日星光②。《离骚》读罢总堪伤。无人解,树转午阴凉。

【注释】

①五色臂丝:荆楚地方风俗,端午节以红、黄、蓝、白、黑五彩丝系臂。相传这五彩丝线代表着东、西、南、北、中五方的神力,可以防范邪祟灾瘟,人们亦称之为"长命线"。

②日星光:屈原《九章·涉江》:"与天地兮同寿,与日月兮同光。"这句说的是屈原的忠义和气节永不泯灭,就如同太阳和星星的光辉。

【赏析】

如今人们忙着过端午,只是一般性地庆祝,而忘却了这个特殊节日所蕴含的历史文化内涵,几乎没有人还记得那位爱国诗人屈原。作者有感而发,直指俗弊。在这热闹喜庆的节日里,诗人却"空惆怅",与"庆端阳"的热闹形成鲜明的对比。下阕直抒自己的感情,仍然运用了对比手法,写追悼屈子之情思。

【诗中君子】

"千年忠义气,日星光",日星本是天地的精华,终明不灭。将屈原的千古大义与日月星光相提并论,并不为过,大忠大义,理当被永世铭记。对屈子大义的崇敬,也是君子惺惺相惜的写照。

【诗词体验】

关于大诗人屈原你了解多少呢?有关他的故事典故,你又知道多少呢?

【经典章句】

见利思义,见危授命。——《论语·宪问》

浅释:子路问怎样才是一个完美的人,孔子说:"如果具有臧武仲的智慧,孟公绰的清心寡欲,卞庄子的勇敢,冉求的多才多艺,再用礼乐增加文采,就可以算是完人了。"又说,"现在的完人又何必这样呢?见到财利时,能想到道义;见到国家有危难时,愿付出生命;长期处于贫困的境遇也不忘平日的诺言,已经可以算作完人了。"

【学生书画作品】

作者：许家俊

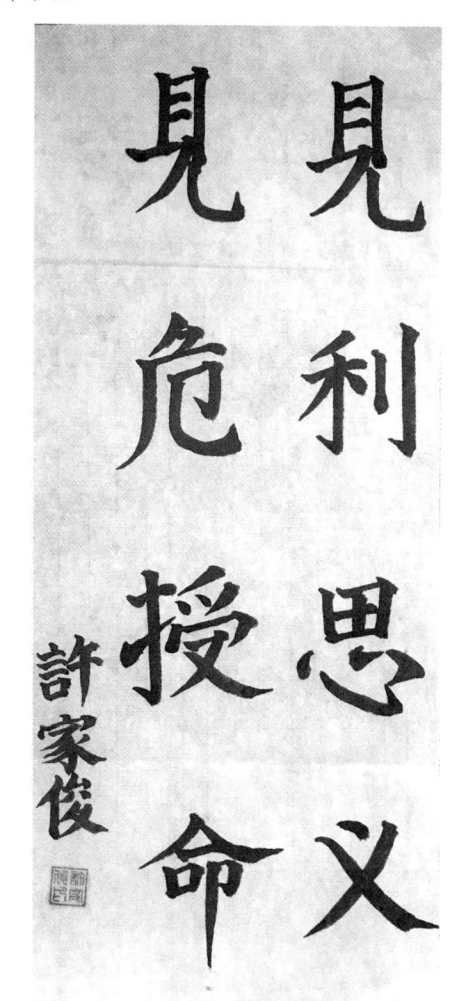

见利思义

见危授命

许家俊

第二篇

【原文】

夏日绝句

宋·李清照

生当作人杰①,死亦为鬼雄②。
至今思项羽③,不肯过江东④。

【注释】

①人杰:人中的豪杰。汉高祖曾赞扬开国功臣张良、韩信、萧何是"人杰"。

②鬼雄:鬼魂中的英雄。

③项羽:自立西楚霸王,与刘邦争夺天下,却在垓下之战中兵败,遂自杀。

④江东:地名,项羽当初随叔父项梁起兵的地方。

【赏析】

这是一首五言绝句,借古讽今,抒发悲愤之情。这首怀古诗的前两句,直抒胸臆,充满豪情壮志,提出"生当作人杰",为国建功立业,报效朝廷,哪怕死了也应该做"鬼雄",方无愧于天地。其中深深的爱国之情喷涌出来,震慑人心。

【诗中君子】

所谓君子在国家大义面前一定会做出正确的抉择。诗人通过歌颂项羽的悲壮之举来讽刺南宋当权者不思进取、苟且偷生的无耻行径。全诗虽然只有短短的二十个字,却连用三个典故,可谓字字珠玑,字里行间透着浩然正气。

【诗词体验】

作者在夏日的午后小憩,恍惚间竟然梦见了项羽,她会对项羽说些什么呢?

【经典章句】

子曰:"君子喻于义,小人喻于利。"——《论语》

浅释:孔子说:"君子知道的是正义,小人知道的是利益。"

【学生书画作品】

作者:商正量

作者：方若涵

知礼重义

作者：马嘉悦

生當作人傑死亦為鬼雄
至今思項羽不肯過江東

庚子春馬嘉悅書

第三篇

【原文】

自　嘲

鲁迅

运交华盖欲何求，未敢翻身已碰头。
破帽遮颜过闹市，漏船载酒泛中流。
横眉①冷对千夫指，俯首甘为孺子牛②。
躲进小楼成一统，管他冬夏与春秋。

【注释】

①横眉：怒目而视的样子，表示愤恨和轻蔑。

②孺子牛：春秋时齐景公跟儿子嬉戏，趴在地上装牛，让儿子骑在背上。这里比喻为人民大众服务，更指小孩子，意思是说鲁迅把未来的希望寄托在小孩子身上。

【赏析】

作者同当时的国民党政府有着尖锐的矛盾，这首抒情诗是作者从自己深受迫害、四处碰壁的逆境中迸发出的愤懑之情。作者临危不惧，不论形势怎样变幻，前途又是如何艰险，自己都决心为革命坚持不懈地斗争。

【诗中君子】

不论外在的环境如何险恶,作者依然坚定地站在属于正义的一方,为了自己的国家,不惜付出一切代价。鲁迅先生以笔为剑,表达了对人民的强烈的爱和对敌人强烈的憎,表现了在敌人面前毫不妥协,为人民大众鞠躬尽瘁的崇高品德。

【诗词体验】

20世纪20年代鲁迅先生在北京时,曾被北洋军阀政府通缉,受到一些文人的攻击和陷害。30年代初期鲁迅在上海时,又遭受国民党统治者的种种威胁和迫害。当时国民党统治者一面禁止书报,封闭书店,颁布恶出版法,通缉著名作家,一面将左翼作家逮捕、拘禁,秘密处以死刑。请你想一想,鲁迅先生在写这首诗时可能面临着怎样的威胁?

【经典章句】

子曰:"饭疏食饮水,曲肱而枕之,乐亦在其中矣!不义而富且贵,于我如浮云。"——《论语·述而》

浅释:孔子说:"吃粗粮,喝冷水,弯着胳膊当枕头,乐趣就在其中了!用不义的手段得到富贵,对我来说,(那些富贵)就像天上的浮云。"

【学生书画作品】

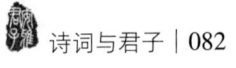

作者：吴其伟

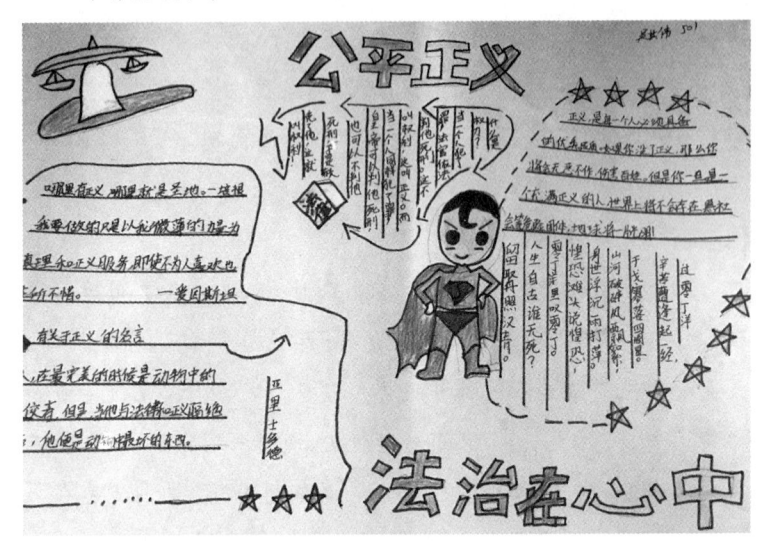

第四篇

【原文】

狱中题壁

谭嗣同

望门投止思张俭①,忍死须臾待杜根。

我自横刀②向天笑,去留肝胆两昆仑。

【注释】

①望门投止:望门投宿。张俭:东汉末年高平人,因弹劾宦官侯览,被反诬"结党",被迫逃亡。在逃亡中凡接纳其投宿的人家,均不畏牵连,乐于接待。事见《后汉书·张俭传》。

②横刀:屠刀,意谓就义。

【赏析】

整首诗气势宏大,巧用经典。面对人头落地的血的现实,诗人没有战栗,没有悲伤,有的只是人格上的凛然难犯、心灵上的无比坦然。于是,他从容不迫,昂首向天,临危不惧,纵声大笑。诗中寄托深广,多处运用比喻手法,使胸中意气豪情的表达兼具含蓄特色。整首诗具有震撼人心的强烈悲壮感和强烈崇高感。

【诗中君子】

君子追求的是正义的事业、伟大的事业,但是这个事业可能

成功,也可能失败。而此诗的作者谭嗣同面对失败时大义凛然,为了自己的理想勇于献出自己的生命。作者坚信只要浩然之气长存,定能够有所作为。

【诗词体验】

戴望舒先生也写了一首《狱中题壁》,请你比较看看两首诗有何相同及不同之处。

狱中题壁

戴望舒

如果我死在这里,
朋友啊,不要悲伤,
我会永远地生存
在你们的心上。
你们之中的一个死了,
在日本占领地的牢里,
他怀着的深深仇恨,
你们应该永远地记忆。
当你们回来,
从泥土掘起他伤损的肢体,
用你们胜利的欢呼
把他的灵魂高高扬起。
然后把他的白骨放在山峰,
曝着太阳,沐着飘风,
在那暗黑潮湿的土牢,

这曾是他唯一的美梦。

【经典章句】

夫达也者,质直而好义,察言而观色,虑以下人。——《论语·颜渊》

浅释:真正的通达是:品质正直且懂礼义,善于观察别人的言语、脸色,常考虑如何谦恭待人。

【学生书画作品】

作者:汪思琦

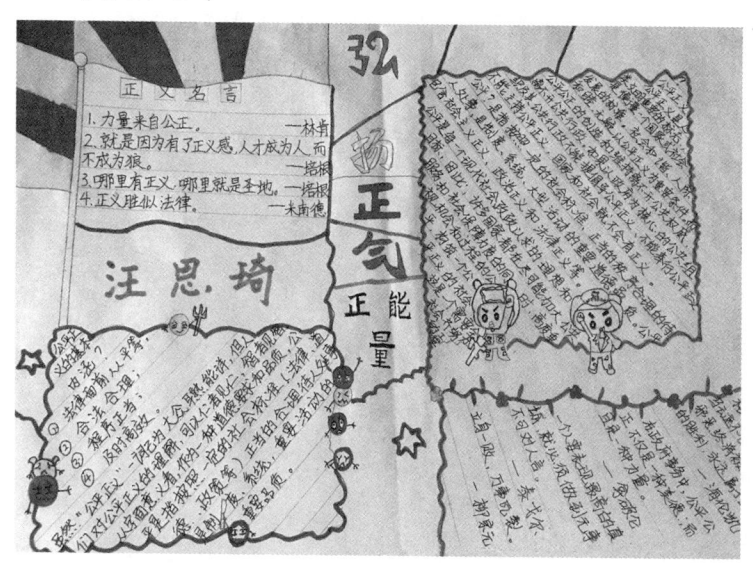

第五篇

【原文】

梅岭三章

陈毅

断头今日意如何？创业艰难百战多。
此去泉台招旧部，旌旗①十万斩阎罗。

南国烽烟正十年，此头须向国门悬。
后死诸君多努力，捷报飞来当纸钱。

投生革命即为家，血雨腥风应有涯。
取义成仁②今日事，人间遍种自由花。

【注释】

①旌旗：这里借指部队。旌，古代用于指挥或开道的一种旗帜。

②取义成仁：为真理或正义事业而献身。这里指为中国人民的解放事业而英勇牺牲。取，求取。义，正义。成，成全，达到。仁，现在借指崇高的道德。

【赏析】

在陈毅光辉的一生中，有20多年的时间是在铁马金戈、枪林弹雨中度过的。而赣南的三年游击战，正如陈毅自己说的那

样,"是我在革命斗争中所经历的最艰苦最困难的阶段",而《梅岭三章》可以说是反映这一历史阶段的具有代表性的杰作。诗人以其崇高的革命情操,临危而斗志弥坚的豪迈胸怀,谱写成这一不朽的壮烈诗篇。三章比秋月,一字偕华星。它犹如挂在夜空中的皎洁明亮的秋月,一字一句犹如黑夜中灿烂的明星,将永远激励人们为了壮丽的共产主义事业奋勇前进。

【诗中君子】

君子担道行义,以张扬仁义为己任。陈毅元帅在革命最艰苦的时期不忘初心,坚持战斗,为了国家利益不惜奉献一切。陈毅对革命事业无限忠诚,至死不渝,即使化作鬼魂,也要在九泉之下带领雄兵十万,将反动的统治者彻底埋葬!一个视死如归、正气凛然的共产党人的光辉形象,昂然挺立在读者的面前。

【诗词体验】

想象一下当时的战斗形势,作者是在什么样的情形下才写出了这样的诗歌?你想对陈毅元帅说些什么呢?

【经典章句】

见义不为,无勇也。——《论语·为政》

浅释:见到应该挺身而出的事情,却袖手旁观,就是怯懦。

【学生书画作品】

作者：吴限

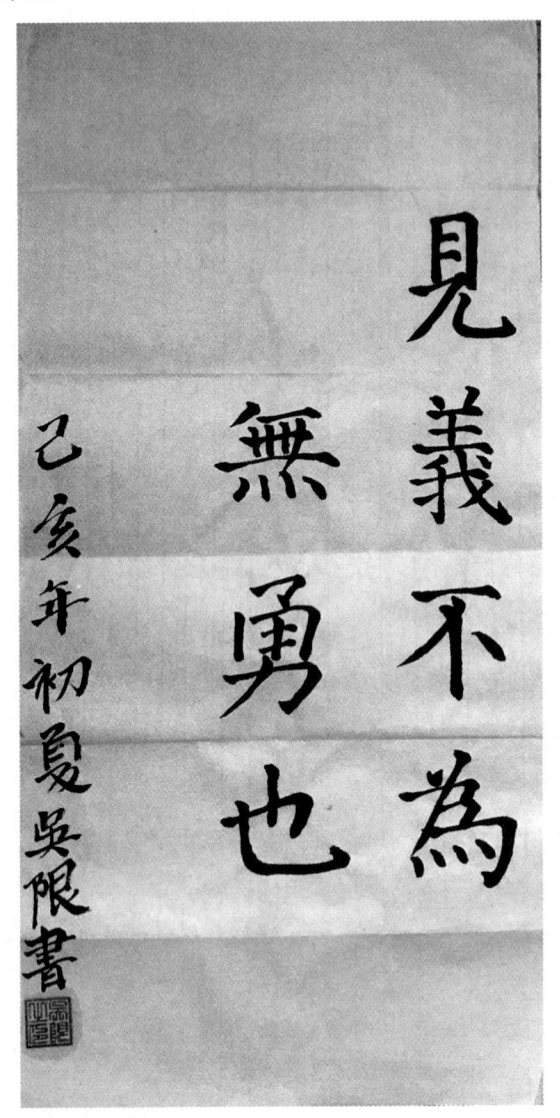

见义不为无勇也

己亥年初夏吴限书

第六单元　君子益友

导　语

孔子说:"与善人居,如入芝兰之室,久而不闻其香,即与之化矣。"这是告诉我们,君子当见贤思齐,与道德高尚的人交往。

第一篇

【原文】

诗经·卫风·木瓜①

投我以木瓜,报之以琼琚②。匪③报也,永以为好也!
投我以木桃,报之以琼瑶。匪报也,永以为好也!
投我以木李,报之以琼玖。匪报也,永以为好也!

【注释】

①木瓜:一种落叶灌木(或小乔木),蔷薇科,果实长椭圆形,色黄而香,可食用。

②琼琚(jū):美玉名。下文"琼瑶""琼玖"意同。

③匪:同"非",不是。

【赏析】

《大雅·抑》有"投我以桃,报之以李"之句,后世"投桃报李"便成了成语,比喻相互赠答,礼尚往来。比较起来,本篇虽然也有从"投之以木瓜(桃、李),报之以琼琚(瑶、玖)"生发出的成语"投木报琼"(如托名宋尤袤的《全唐诗话》就有"投木报琼,义将安在"的记载),但"投木报琼"的使用频率却根本没法与"投桃报李"相提并论。可是论传诵程度还是本篇更高,它是现今传诵极广的《诗经》名篇之一。

因为关于此诗主旨说法多有不同,而"木瓜"作为文学意象

也就被赋予了多种不同的象征意义。其中"臣子思报忠于君主""爱人定情坚于金玉""友人馈赠礼轻情重"三种意象逐渐成为木瓜意象的主要内涵。

【诗中君子】

先秦的儒家君子思想为我们树立了一个标准的行为道德规范,为我们内在精神的培养和人格的自我完善起了重要的示范作用。"投我以桃,报之以李"儒家思想的君子交友之道是先秦学者们比较重视的一种思想道德准则。《论语》记载:"有朋自远方来,不亦乐乎?人不知而不愠,不亦君子乎?"古人云:"同门曰朋,同心为友。"这里的"不亦乐乎"是发自内心的,是因为志同道合的朋友来了,对自己的道德修养会有一定的帮助。这种"乐"是因为相互间可以学习与帮助,而由内心发出来的"乐"。

【诗词体验】

配乐吟唱《诗经》。

【经典章句】

父子恩,夫妇从。兄则友,弟则恭。长幼序,友与朋。君则敬,臣则忠。此十义,人所同。——王应麟《三字经》

浅释:父母和儿女要珍惜和永葆亲情,丈夫和妻子要珍惜和永葆爱情,兄弟姐妹之间要珍惜手足之情并和睦相处,同学、同事、朋友间要珍惜挚友之情并和谐相处,这是人人都要做到的。

【学生书画作品】

作者：吴宸宇

第二篇

【原文】

送 友 人

唐·李白

青山横北郭①,白水②绕东城。

此地一为别,孤蓬万里征③。

浮云游子意,落日故人情。

挥手自兹④去,萧萧班马鸣⑤。

【注释】

①郭:古代在城外修筑的一种外墙。

②白水:清澈的河流。

③蓬:古书上说的一种植物,干枯后根株断开,遇风飞旋,也称"飞蓬"。诗人用"孤蓬"喻指远行的朋友。征:远行。

④兹(zī):此,现在。

⑤萧萧:马的呻吟嘶叫声。班马:离群的马,这里指载人远离的马。

【赏析】

这是首送别诗,全诗充满诗情画意。首联工对,写得别开生面。先写作别处的山水:青山横亘外城之北,白水环绕东城之外。此两句以"青山"对"白水","北郭"对"东城"。"青""白"

相间,色彩明丽。"横"字刻出山之静态,"绕"字画出水之动态。如此描摹,挥洒自如,秀丽清新。中间二联切题,写分手时的离情别绪。前两句写对朋友漂泊生涯的关切,落笔如行云流水,舒畅自然。后两句写依依惜别的心情,巧妙地以"浮云""落日"作比,来表明心意。写得有景有情,情景交融。尾联更进一层,抒发难舍难分的情绪。化用《诗经·小雅·车攻》"萧萧马鸣"句,嵌入"班"字,写出马犹不愿离群,何况人乎?烘托出缱绻情谊,真是鬼斧神工。

这首诗写得新颖别致,丰采殊异,语言流畅,表达情意委婉含蓄,自然美与人情美并存。

【诗中君子】

在君子的交友过程中,关于说话是很有讲究的,《论语》记载,子曰:"可与言而不与之言,失人;不可与言而与之言,失言。知者不失人,亦不失言。"这是说:在与人交往中,什么话该说,什么话不该说,该说的话要怎么说,要根据情况来决定的。在这个问题上,孔子给我们做了很好的回答。子贡问友。子曰:"忠告而善道之,不可则止,毋自辱焉。"劝善规过,是作为朋友的道义和责任,所以在人们眼中"益友"才能与"良师"相提并论。可是在朋友听不进自己的"规劝"时,就不要勉强了。不然,就会大伤感情。"不可则止",既体现了对朋友的尊重,又避免了对友情的伤害。

【诗词体验】

1.《赠汪伦》与《送友人》都是李白的诗,请同学们收集有关李白的其他作品,更全面地了解唐朝的大诗人李白。

2. 我们了解了以《送友人》为代表的李白的送别诗豪放洒脱的风格,下面来看看王维的《送元二使安西》,体会王维的思想感情,感受一下和李白诗词的差异。

送元二使安西

唐·王维

渭城朝雨浥轻尘,

客舍青青柳色新。

劝君更尽一杯酒,

西出阳关无故人。

【经典章句】

友正直者日益,友邪柔者日损。——薛瑄《薛文清公读书录·交友》

浅释:交上正直的朋友,便会一天天进步;交上品行不端的朋友,便会一天天退步。指择友一定要慎重。

【学生书画作品】

作者：许家俊

朋友有信

第三篇

【原文】

伯牙绝①弦

伯牙善鼓琴②,钟子期善听。伯牙鼓琴,志在高山③,钟子期曰:"善哉,峨峨④兮若泰山!"志在流水,钟子期曰:"善哉,洋洋⑤兮若江河!"伯牙所念,钟子期必得之。子期死,伯牙谓世再无知音,乃破琴绝弦,终身不复鼓。

【注释】

①绝:断绝。

②善:擅长,善于。鼓:弹。

③志在高山:心里想到高山。

④峨峨:高。兮:语气词,相当于"啊"。若:像……一样。

⑤洋洋:广大。

【赏析】

俞伯牙擅长弹琴,钟子期善于倾听、欣赏。俞伯牙弹琴时,心里想到高山,钟子期说:"好啊,我仿佛看见一座巍峨峻拔的泰山屹立在我眼前!"俞伯牙心里想到流水,钟子期说:"好啊,我仿佛看见了奔腾不息的江河!"总之俞伯牙心里想的,钟子期就一定能知道他的心意。钟子期死后,俞伯牙觉得世上再也没有知音了,很伤心,于是摔破了琴,挑断了琴弦,决定一生不再弹琴。

这就是"俞伯牙摔琴谢知音"的故事，人们用此感叹知音难觅。

此后，由于这个故事，人们把"高山流水"比喻知音难寻或乐曲美妙，把"知音"比作理解自己心意、同自己有共同语言的人，"伯牙绝弦"一词也渐渐演变成这种意思：由于知音逝世，从而弃绝某种专长或爱好，表示悼念。

【诗中君子】

人生苦短，知音难求；云烟万里，佳话千载。纯真友谊的基础是理解。中华文化在这方面最形象、最深刻的阐释，莫过于俞伯牙与钟子期的故事了。"伯牙绝弦"是结交朋友的千古佳话，它流传至今并给人历久弥新的启迪。正是这个故事，展现了中华民族高尚的人际关系与友情的标准，说它是东方文化的瑰宝也当之无愧。

【诗词体验】

说一说伯牙与子期的故事。

【经典章句】

一死一生，乃知交情；一贫一富，乃知交态；一贵一贱，交情乃见。——司马迁《史记》

浅释：一对好朋友，一个面临生死困境时，另一个生活稳定平安，生活好的对差的朋友的态度体现出两人的交情；一个富有，一个贫穷，两个人的交往看出两人对待朋友的态度；一个身份高贵，一个身份低贱，两人的交往看出两人是否有真友谊。

【学生书画作品】

　　作者：袁依依

第四篇

【原文】

别董大①
唐·高适

千里黄云白日曛②,北风吹雁雪纷纷。

莫愁前路无知己,天下谁人不识君③。

【注释】

①董大:指董庭兰,是当时有名的音乐家,在其兄弟中排行第一,故称"董大"。

②曛(xūn):昏暗。

③谁人:哪个人。君:指的是董大。

【赏析】

这是一首送别诗,送别的对象是著名的琴师董庭兰。盛唐时盛行胡乐,能欣赏七弦琴这类古乐的人不多。崔珏有诗道:"七条弦上五音寒,此艺知音自古难。唯有河南房次律(盛唐宰相房官),始终怜得董庭兰。"这时高适也很不得志,浪迹天下,常处于贫贱的境遇之中。他在《别董大》之二中写道:"丈夫贫贱应未足,今日相逢无酒钱。"但在这首送别诗中,高适却以开朗的胸襟、豪迈的语调把临别赠言说得激昂慷慨,鼓舞人心。诗中"莫愁前路无知己,天下谁人不识君",是对朋友的劝慰:此去你不要担心遇不到知己,天下哪个不知道你董庭兰啊!话说得多么响亮,多么有力,于慰藉中充满着信心和力量,激励朋友抖擞精神去奋斗、去拼搏。

【诗中君子】

君子是乐于交友的,君子也是慎重择友的。在儒家看来,择友首先要做到志同道合。孔子说过:"君子和而不同。"我们或许也可以理解为君子交友知礼而和谐相处。我们知道君子交友是快乐的,但并不是所有的快乐都是"善"的。《论语》记载,孔子曰:"益者三乐,损者三乐。乐节礼乐,乐道人之善,乐多贤友,益矣。乐骄乐,乐佚游,乐宴乐,损矣。"要以礼乐来调节自己,多称赞别人的好处,多结交贤德的朋友,这样才能获得"善"的快乐。

【诗词体验】

"莫愁前路无知己,天下谁人不识君",这两句是对朋友的劝慰。如果你是诗人高适,你会怎样劝友人呢?试着写一写。

【经典章句】

父子有亲,君臣有义,夫妇有别,长幼有序,朋友有信。——孟轲《孟子·滕文公上》

浅释:父子之间有骨肉之亲,君臣之间有礼义之道,夫妻之间有男女之别,老少之间有尊卑之序,朋友之间有诚信之德。

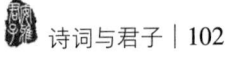

【学生书画作品】

作者：朱静

第五篇

【原文】

芙蓉楼送辛渐①二首
唐·王昌龄

其一

寒雨连江夜入吴②,平明送客楚山孤③。

洛阳亲友如相问,一片冰心在玉壶④。

其二

丹阳城南秋海阴,丹阳城北楚云⑤深。

高楼⑥送客不能醉,寂寂寒江明月心。

【注释】

①芙蓉楼:原名西北楼,登临可以俯瞰长江,遥望江北,在润州(今江苏省镇江市)西北。据《元和郡县志》卷二十六《江南道·润州·丹阳》云:"晋王恭为刺史,改创西南楼名万岁楼,西北楼名芙蓉楼。"辛渐:诗人的一位朋友。

②寒雨:秋冬时节的冷雨。连江:雨水与江面连成一片,形容雨很大。吴:古代国名,这里泛指江苏南部、浙江北部一带。江苏镇江一带为三国时吴国所属。

③平明:天亮的时候。客:指作者的好友辛渐。楚山:楚地的山。这里的楚也指今镇江市一带,因为古代吴、楚先后统治过这里,所以吴、楚可以通称。孤:独自,孤单一人。

④冰心:比喻纯洁的心。玉壶:道教概念,专指自然无为虚无之心。

⑤楚云:指楚天之云。

⑥高楼:指芙蓉楼。

【赏析】

第一首写平明送客,临别托意。"寒雨连江夜入吴",迷蒙的烟雨笼罩着吴地江天(江宁一带,此地是三国孙吴故地),织成了一张无边无际的愁网。夜雨增添了萧瑟的秋意,也渲染出了离别的黯淡气氛。那寒意不仅弥漫在满江烟雨之中,更浸透在两个离别友人的心头上。"连"字和"入"字写出雨势的平稳连绵,江雨悄然而来的动态能为人分明地感知,而诗人因离情萦怀而一夜未眠的情景也自可想见。但是,这一幅水天相连、浩渺迷茫的吴江夜雨图,正好展现了一种极其高远壮阔的境界。第二首说的是头天晚上诗人在芙蓉楼为辛渐饯别时的情景。先从"秋海阴""楚云深"写起,以景起兴。第三句是点题:诗人在高楼为客人饯行,依依惜别,心中无限酸楚,以致酒不尽兴。末句以景结情:寒江寂寂,惆怅如不尽之江水;明月高照,友情像明月一样纯真。

【诗中君子】

在与朋友相处的问题上,礼与信是必须遵守的重要原则。《论语》记载:"君子敬而无失,与人恭而有礼,四海之内,皆兄弟也。"君子知礼、好礼,在与人的交往中,礼是促使关系和谐、共

同进取的必然条件。在关于信的问题上,《论语》记载,子曰:"老者安之,朋友信之,少者怀之。"孔子把朋友之间的信作为自己的志向,而曾子则把信作为自己道德自律的三件事中的一件。与朋友相处务必要做到知礼、重信。

【诗词体验】

请同学们先有感情地读读这首诗,再根据自己的理解想象当时大诗人王昌龄与友人辛渐依依分别时的画面,最后动手画一画。

【经典章句】

颜渊季路侍。子曰:"盍各言尔志?"子路曰:"愿车马、衣轻裘,与朋友共。敝之而无憾。"颜渊曰:"愿无伐善,无施劳。"子路曰:"愿闻子之志。"子曰:"老者安之,朋友信之,少者怀之。"——《论语·公冶长》

浅释:颜渊、季路侍奉在孔子身边。孔子说:"为什么不说说各人的愿望呢?"子路说:"愿将车马和裘衣和朋友共用,即使将它们用坏了也不遗憾。"颜渊说:"愿做到不夸耀自己的好处,不宣扬自己的功劳。"子路说:"您的愿望呢?"孔子说:"使老人能享受安乐,使朋友能够信任我,使年轻人能够怀念我。"

【学生书画作品】

作者：吴限

谦 恭 诚 信

第七单元　君子诚信

第八单元　君子正品

第七单元　君子诚信

导　语

　　《礼记·中庸》中说:"诚者,天之道也;诚之者,人之道也。"认为诚是天的根本属性,努力求诚以达到合乎诚的境界则是为人之道。习近平总书记强调,要用社会主义核心价值观引领中国梦的实现,其中爱国、敬业、诚信、友善是公民个人层面的价值引领。

第一篇

【原文】

游终南山①
唐·孟郊

南山②塞③天地,日月石上生。

高峰夜留景,深谷昼未明。

山中人自正,路险心亦平。

长风驱松柏,声拂万壑清。

即此悔读书,朝朝近浮名。

【注释】

①终南山:秦岭著名的山峰,在今陕西省西安市南。

②南山:指终南山。

③塞:充满,充实。

【赏析】

终南山高大雄伟,塞满了整个天地,太阳和月亮都是从山中的石头上升、落下。当终南山其他地方都已被夜色笼罩时,高高的山峰上还留着落日的余晖;而当终南山其他地方都已经洒满阳光时,深深的幽谷中还是一片昏暗。终南山矗立在那儿不偏不斜,山中居住的人也和这山一样爽直正派,虽然山路陡峭,崎岖不平,但他们却心地平坦,从不会有路险身危的感觉。山高风长,长风吹动松柏,松枝松叶在风中呼呼作响,松涛回荡在千山万壑之间,十分清朗激越。来到终南山见到如此险绝壮美的景色,我真后悔当初为什么要刻苦读书,天天去追求那些虚名浮利。

孟郊的诗字句坚挺有力。欣赏这首诗,必须紧扣诗题《游终南山》,切莫忘记"游"字。写景的诗句给人的感受是:终南山自成天地,清幽宜人。插在中间的两句,以抒情为主。"山中人自正"里的"中"是"正"的同义语。山"中"而不偏,山中人"正"而不邪,因山及人,抒发了赞颂之情。"路险心亦平"中的"险"是"平"的反义词。山中人既然正而不邪,那么,山路再"险",心还是"平"的。以"路险"作反衬,突出地赞扬了山中人的心地平坦。

【诗中君子】

赞美终南山的万壑清风,就意味着厌恶长安的十丈红尘;赞美山中的人正心平,就意味着厌恶山外的人邪心险。以"即此悔读书,朝朝近浮名"收束全诗,这种言外之意就表现得相当明显了。

【诗词体验】

"山中人自正"是运用了(　　　　)修辞手法。

A. 夸张　　B. 借喻

【经典章句】

百虑输一忘,百巧输一诚。——顾图河《任运》

浅释:考虑再周密,若有疏忽就可能失败;技艺再精巧,若缺乏真诚也无法成功。

【学生书画作品】

作者:陈一诺

第二篇

【原文】

古风·松柏本孤直[①]

唐·李白

松柏本孤直,难为桃李颜[②]。
昭昭严子陵[③],垂钓沧波间。
身将客星[④]隐,心与浮云闲。
长揖万乘君,还归富春山。
清风洒六合,邈然不可攀。
使我长叹息,冥栖岩石间。

【注释】

①孤直:形容松竹之类的姿态高而挺直。
②桃李颜:指讨好人的样子。
③昭昭:高风亮节貌。严子陵:即严光,字子陵,东汉人。
④客星:即流星。此指严子陵。

【赏析】

松柏生性孤直,难以像桃李一样讨好人。高风亮节的严子陵,便隐居垂钓在沧海之间。他隐居不仕,其心与浮云一样闲远。他向万乘之君长揖而去,辞官不做,回到富春山过隐居的生活。此举如清风飘翔万里,吹拂四面,人们深感邈然高不可攀。

他令人叹息不已,我将要像他那样在山林间隐居。

　　这是一首咏人诗。据《后汉书·逸民传》载,严子陵,即严光,少有高名,曾与后汉开国皇帝刘秀(光武帝)同学交好,光武帝即位后,严光隐居避世。光武帝思念其贤能,下令访求。时有齐国上奏,说有一人身披羊裘,垂钓于泽畔。访之果是严光。帝三次迎请方至,仍不能说服其出仕。以后帝又召请严光入宫,畅叙旧交,严光与帝同卧,脚加于帝腹。次日,太史奏天象,说客星犯帝座甚急。光武帝笑道:"朕故人严子陵共卧耳。"拜谏议大夫,不就,退隐富春山,后人名其垂钓处为严陵滩。滩在今富春江上游桐庐县境。

【诗中君子】

　　光武帝刘秀作为中国历史上颇有作为的开国君主,面对断壁残垣、江山破碎的社会状况,勤于国政,改革开拓,终使大汉王朝在一片焦土废墟中恢复和发展。他的功绩与他礼贤下士、以诚待人的品质是分不开的。

【诗词体验】

　　1. 松柏比作什么样的人?
　　2. 这里的桃李是褒义词还是贬义词?

【经典章句】

　　欲修其身者,先正其心;欲正其心者,先诚其意。——《礼记·大学》

浅释：要想修养自身的品性，先要端正自己的思想；要端正自己的思想，先要使自己的意念真诚。要努力在待人处事的各方面做到"真诚"二字，努力断恶修善，久而久之，自己的修养就提高了，有智慧了。

【学生书画作品】

作者：查子璇

第三篇

【原文】

赐萧瑀①
唐·李世民

疾风知劲草,板荡②识诚臣。

勇夫安③识义,智者必怀仁。

【注释】

①萧瑀(yǔ):唐朝宰相。

②板荡:《板》《荡》都是《诗经·大雅》中讥刺周厉王无道而导致国家败坏、社会动乱的诗篇,后指政局混乱或社会动乱。

③安:如何,怎么。

【赏析】

在猛烈的大风中,才看得出小草坚强的韧性;在动荡不安的年代,才能辨别出谁是忠臣。勇猛的人,又如何懂得道义?而有智慧的人,必定心中怀有仁爱。

这首诗极富哲理的启示。在风和日丽的日子里,"劲草"混同于一般的草;在和平安定的环境中,"诚臣"也容易混同于一般的人们。其特殊性没有显现出来,因而不易鉴别。只有经过猛烈大风和动乱时局的考验,才能看出什么样的草是强劲的,什么样的人是忠诚的。总之,这首诗形象而深刻地说明:只有在严

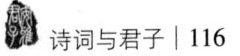

峻危急的关头,才能考察出一个人的真正品质和节操。

【诗中君子】

萧瑀生性质朴耿直,性格刚直不爱柔弱,为官也刚正不阿,不畏权贵近臣,晚年请求外放,远离朝廷,造福百姓,深得百姓爱戴。

【诗词体验】

像岳飞、文天祥这样的人就是诗中的诚臣,你还知道哪些诚臣呢?

【经典章句】

文以行为本,在先诚其中。——柳宗元《报袁君陈秀才避师名书》

浅释:文士以德行为修养根本,而在德行中真诚摆在首位。

【学生书画作品】

　　作者：常涵笑

第四篇

【原文】

述 怀
唐·魏徵[①]

中原初逐鹿,投笔事戎轩。
纵横计不就,慷慨志犹存。
杖策谒天子,驱马出关门。
请缨系南越,凭轼下东藩。
郁纡陟高岫,出没望平原。
古木鸣寒鸟,空山啼夜猿。
既伤千里目,还惊九逝魂。
岂不惮艰险?深怀国士恩。
季布无二诺,侯嬴重一言。
人生感意气,功名谁复论。

【注释】

①魏徵(580—643):唐朝著名政治家、史学家、文学家。任职期间,敢于犯颜直谏,劝诫太宗居安思危,兼听广纳,轻徭薄赋,躬行俭约,对实现贞观之治颇有贡献,为一代名臣。

【赏析】

如今是一个群豪并起争夺天下的时代,男儿当弃文从武成

就一番事业。我曾经向李密献计但不被他采纳,我心中的壮志并没因此丧失。我将自己的计谋献给天子,领命纵马西出潼关。终军当年请缨缚南越王,我乘车东去招降李密旧部和各路豪强。盘旋在崎岖的山路间,放眼望去,山下的平原时隐时现。山林间寒鸟悲鸣,深山中不时传来猿啼。远望一片荒凉,不知前途几何,凶吉难卜。在这样的环境中,怎么会不担心个人的人身安全?但一想到唐王以国士之礼相待,不敢不尽心以报其知遇之恩。季布、侯嬴都是千金一诺的人物。人活在世上意气当先,又何必在意那些功名利禄?

《述怀》是唐朝名臣魏徵的代表诗作,全诗共二十句一百字,是一首言志抒情的古诗。全诗描述了魏徵献计唐高祖,自告奋勇招降李密旧部。其间路途艰险,但魏徵报唐高祖知遇之恩的心更切。"季布无二诺,侯嬴重一言",直抒胸臆,表明了作者重视信义、有恩必报、不图功名的思想。这里,诗人以季布、侯嬴自比,表达了自己既然请缨就决不负使命的决心。

这首《述怀》还保留着古体诗的形式,不带韵律的表达方式,充分抒发魏徵个人的情感,用典虽多但丝毫无堆砌之感。

【诗中君子】

"季布无二诺,侯嬴重一言",是说季布信守承诺,从不违背自己许下的诺言;侯嬴知恩图报,为自己的承诺不惜杀身以报。诗人以季布、侯嬴二人的典故,比照自己,也是自勉。自古诚信之人,当重承诺。全诗读来可以感受到诗人心中的一腔豪气。

【诗词体验】

1. 能说说自己父母守诚信的事例吗?
2. 同学中谁最守信?谁经常失信?我们该怎么对待呢?

【经典章句】

诚能体而存之,则众善之源,百行之本。——朱熹《仁说》

浅释:实行并保存真诚的心,这是人生美好的源头,行动美好的根本。

【学生书画作品】

作者:王睿暄

第五篇

【原文】

商　鞅①
宋·王安石

自古驱民在信诚,一言为重百金轻。
今人未可非商鞅,商鞅能令政必行。

【注释】

①商鞅(约前395—前338):战国时期政治家、改革家、思想家,法家代表人物。因在河西之战中立功获封商于十五邑,号为商君,故称之为商鞅。商鞅通过变法使秦国成为富裕强大的国家,史称"商鞅变法"。

【赏析】

从古至今,管理百姓在于讲信用,说到做到。商鞅就很讲信用,以一言为重,以百金为轻。如今的人们怎能随便指责商鞅呢?要是有商鞅那种不屈不挠的精神,新法怎能不顺利推广?

《商鞅》是王安石颂扬先秦法家商鞅的一首七言咏史绝句,对商鞅能取信于民和坚决镇压复辟势力,从而使得变法顺利推行进行了颂扬。这首诗不是讲商鞅变法的实际内容,而是讲推行变法时能否赢得民众的信任,是关系到改革成败的关键因素。作者正是从这一角度,旗帜鲜明地赞扬了商鞅。全诗以议论说理为主,言简意丰,中肯有力。

【诗中君子】

"自古驱民在信诚,一言为重百金轻"二句,对商鞅令出必行的做法给予高度赞扬。王安石写这首诗,既对商鞅做出了高度的评价,也借此表达自己粉碎顽固派阴谋、坚决推行改革的决心。

【诗词体验】

了解商鞅变法中"南门立木"的故事。

【经典章句】

诚者,天之道也;思诚者,人之道也。——孟轲《孟子·离娄上》

浅释:诚信是自然的法则,追求诚信是做人的法则。

【学生书画作品】

　　作者：章曼瑶

第八单元　君子正品

导　语

《易经》说,君子谦谦,君子夬夬,君子乾乾。君子有高者居下、虚怀若谷的谦谦之德,有敢于担当、特立独行的夬夬之能,有刚正健行、自强不息的乾乾之道。《左传》说:"君子之言,信而有征,故怨远于其身。"在植物层面,梅兰竹菊松,最能体现君子品格内涵。

第一篇

【原文】

墨　梅
元·王冕

我家①洗砚池头树，个个花开淡墨②痕。
不要人夸颜色好，只留清气满乾坤。

【注释】

①我家：因王羲之与王冕同姓，所以王冕便认为王姓自是一家。

②淡墨：水墨画中将墨色分为四种——清墨、淡墨、浓墨、焦墨。这里是说那朵朵盛开的梅花，是用淡淡的墨迹点化成的。

【赏析】

在这首诗中，诗人赞美墨梅，实际上是借梅自喻，表达自己不与世人同流合污的高尚情操。开头两句是直接描写墨梅，我家小池边的梅花树上，朵朵梅花都好像是用淡淡的墨水点染而成的。三、四两句盛赞墨梅的高风亮节，梅花不想用鲜艳的色彩去吸引人、讨好人，求得人们的夸奖，只愿散发一股清香，让它留在天地之间。这两句也是诗人以梅自喻。

【诗中君子】

　　这首诗盛赞梅花的高风亮节,同时诗人也借物抒怀,借梅自喻,表明了自己的人生态度和高尚情操。后来"梅花"这一意象也被后世认为是高雅的象征。

【诗词体验】

　　中国水墨画的梅花淡雅脱俗,你能试着画一画梅花吗?

【经典章句】

　　景春曰:"公孙衍、张仪岂不诚大丈夫哉?一怒而诸侯惧,安居而天下熄。"

　　孟子曰:"是焉得为大丈夫乎?子未学礼乎?丈夫之冠也,父命之;女子之嫁也,母命之,往送之门,戒之曰:'往之女家,必敬必戒,无违夫子!'以顺为正者,妾妇之道也。居天下之广居,立天下之正位,行天下之大道。得志,与民由之;不得志,独行其道。富贵不能淫,贫贱不能移,威武不能屈,此之谓大丈夫。"——孟轲《孟子·滕文公下》

　　浅释:景春说:"公孙衍、张仪难道不是真正的大丈夫吗?他们一发怒,诸侯就害怕;他们安静下来,天下就太平无事。"

　　孟子说:"这哪能算是大丈夫呢?你没有学过礼吗?男子行加冠礼时,父亲训导他;女子出嫁时,母亲训导她,送她到门口,告诫她说:'到了你家,一定要恭敬,一定要谨慎,不要违背丈夫!'把顺从当作正理,是妇人家遵循的道理(公孙衍、张仪在诸侯面前竟也像妇人一样)。居住在天下最宽广的住宅'仁'

里,站立在天下最正确的位置'礼'上,行走在天下最宽广的道路'义'上。能实现理想时,就同人民一起走这条正道;不能实现理想时,就独自行走在这条正道上。富贵不能迷乱他的思想,贫贱不能改变他的操守,威武不能压服他的意志,这才叫作大丈夫。"

【学生书画作品】

作者:杨承子

作者：杨硕

我家洗硯池邊樹
個個花開淡墨痕
不要人誇顏色好
只留清氣滿乾坤

王冕墨梅一首 杨硕 書

第二篇

【原文】

咏 幽 兰
清·康熙

婀娜①花姿碧叶长,风来难隐谷中香。

不因纫取堪为佩,纵使无人亦自芳。

【注释】

①婀娜:形容兰花优美的外形。

【赏析】

兰花体态优美,娉婷袅袅,仿若美人。然而这样一位美人却从不与人争美,它不是为了做成香囊,供人使用才散发幽香,即便是没人发现的幽谷之中的兰,它也会独自吐露芬芳。康熙歌咏的正是兰花这样高洁的品性。

【诗中君子】

康熙在诗中道出了兰花冰清玉洁的高雅气质。兰花美而不争,谦逊有礼,作者想要吟咏的不是兰的孤高隐逸,而是兰的谦和踏实、不争虚华的品格。

【诗词体验】

这首诗中,作者从兰花的形态、颜色、气味方面描写兰花,你能试着学习作者的手法,写一写你喜欢的花吗?

【经典章句】

子路、曾皙、冉有、公西华侍坐。

子曰:"以吾一日长乎尔,毋吾以也。居则曰:'不吾知也!'如或知尔,则何以哉?"

子路率尔而对曰:"千乘之国,摄乎大国之间,加之以师旅,因之以饥馑;由也为之,比及三年,可使有勇,且知方也。"

夫子哂之。

"求,尔何如?"

对曰:"方六七十,如五六十,求也为之,比及三年,可使足民。如其礼乐,以俟君子。"

"赤,尔何如?"

对曰:"非曰能之,愿学焉。宗庙之事,如会同,端章甫,愿为小相焉。"

"点,尔何如?"

鼓瑟希,铿尔,舍瑟而作,对曰:"异乎三子者之撰。"

子曰:"何伤乎?亦各言其志也。"

曰:"莫春者,春服既成,冠者五六人,童子六七人,浴乎沂,风乎舞雩,咏而归。"

夫子喟然叹曰:"吾与点也。"

三子者出,曾皙后。曾皙曰:"夫三子者之言何如?"

子曰:"亦各言其志也已矣!"

曰:"夫子何哂由也?"

曰:"为国以礼,其言不让,是故哂之。唯求则非邦也与?安见方六七十,如五六十而非邦也者?唯赤则非邦也与?宗庙会同,非诸侯而何?赤也为之小,孰能为之大?"

——《论语·先进》

浅释:

子路、曾晳、冉有、公西华陪孔子坐着。

孔子说:"你们不要因为我的年龄比你们长一些就受拘束而不敢说话。你们平时常说:'没有人了解我呀!'假如有人了解你们,那么你们打算怎么做呢?"

子路急忙回答说:"一个拥有一千辆兵车的国家,夹在大国之间,加上外国军队的侵犯,接着又遇上饥荒,如果让我治理这个国家,只要三年工夫,就可以使人人勇敢善战,而且还懂得做人的道理。"

孔子听了,微微一笑。

"冉有,你怎么样?"

冉有回答说:"一个纵横各六七十里或五六十里的国家,如果让我去治理,等到三年,就可以使老百姓富足起来。至于振兴礼乐教化,那就只有等待贤人君子了。"

"公西华,你怎么样?"

公西华回答说:"我不敢说能做到什么,只是愿意学习。宗庙祭祀的工作,或者是诸侯会盟,朝见天子,我愿意穿着礼服,戴

着礼帽,做一个小小的赞礼人。"

"曾皙,你怎么样?"

弹瑟的声音渐渐稀疏下来,铿的一声,曾皙放下瑟直起身来,回答说:"我和他们三人所说的志向不同。"

孔子说:"那有什么关系呢?不过是各自谈谈自己的志向罢了!"

曾皙说:"暮春时节,天气暖和,春天的衣服已经穿戴好了。我和五六位成年人、六七个少年,到沂河里洗澡,在舞雩台上吹吹风,唱着歌走回家。"

孔子长叹一声说:"我赞成曾皙的想法呀!"

子路、冉有、公西华都出去了,曾皙最后走。曾皙问孔子:"他们三个人的话怎么样?"

孔子说:"也不过是各自谈谈自己的志向罢了!"

曾皙说:"你为什么笑子路呢?"

孔子说:"治理国家要讲礼让,可他的话一点不谦让,所以笑他。难道冉有所讲的就不是国家吗?怎见得纵横六七十里或五六十里的地方就不是国家呢?难道公西华所讲的不是国家吗?宗庙祭祀和诸侯会同之事,不是诸侯的大事又是什么呢?如果公西华只能给诸侯做一个小相,那谁能做大相呢?"

【学生书画作品】

作者：杨硕

婀娜花姿碧葉長
風来難隱谷中香
不曰紉取堪為佩
縱使無人亦自芳

康熙詠幽蘭詩 楊碩 書

第三篇

【原文】

竹　石

清·郑燮

咬定①青山不放松,立根原在破岩中。

千磨万击还坚劲,任尔东西南北风②。

【注释】

①咬定:比喻根扎得结实,像咬着不松口一样。

②任:任凭。尔:你。这句意思是说:随那东南西北风猛刮,也吹不倒它。

【赏析】

　　这是一首在竹石图上的题画诗,作者咏的是竹石,但已不是对自然界竹石的一般描写,而是蕴含了作者深刻的思想感情。作者以物喻人,实写竹子,赞颂的却是人。诗人以屹立的青山、坚硬的岩石为背景,说竹子"咬定青山""立根破岩","坚劲"则正是这个历经风吹雨打的竹子和竹子所象征的人的真实写照。诗歌通过歌咏竹子,塑造了一个百折不挠、顶天立地的强者的光辉形象。全诗清新流畅,感情真挚,语言虽然通俗,但意义深刻而意味深长。

【诗中君子】

竹子中空有节的枝干、挺拔清逸的外形,很早就被古代先贤作为君子风骨的象征而不断抒写。植物生长经历雨雪风霜,多数折枝落叶,而竹却不改颜色,峭拔挺立。文人墨客都爱竹,当今社会也崇尚竹子这种脚踏实地的实干精神。

【诗词体验】

古人有许多喜欢竹子的,比如有一位大诗人这样说:"宁可食无肉,不可居无竹。无肉令人瘦,无竹令人俗。"说这话的就是大名鼎鼎的苏东坡。文人墨客们为何如此爱竹?请你再找一找描写竹的古诗词。

【经典章句】

曾子曰:"士不可以不弘毅,任重而道远。仁以为己任,不亦重乎?死而后已,不亦远乎?"——《论语·泰伯》

浅释:曾子说:"士人不可以不志向远大,意志坚强,因为他肩负重任,路途遥远。把实行仁道作为自己的责任,不是很重大吗?直到死去才停止,不是很遥远吗?"

【学生书画作品】

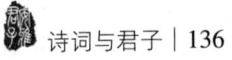

　　作者：刘庭依

第四篇

【原文】

饮酒(其四)

晋·陶渊明

秋菊有佳色,裛①露掇其英。
泛此忘忧物,远我遗世情。
一觞虽独尽,杯尽壶自倾。
日入群动息,归鸟趋林鸣。
啸傲②东轩下,聊复得此生。

【注释】

①裛(yì):通"浥",沾湿。
②啸傲:谓言动自在,无拘无束。

【赏析】

这首诗表现出作者想要归隐的决心。"啸傲东轩",是隐居悠闲之乐的形象描绘,它是赞美,是庆幸,也是意愿。然而,"聊复"(姑且算是)一词,又给这一切罩上了一层无可奈何的色彩,它上承"忘忧""遗世",仍然表现出壮志难酬的憾恨,并非一味悠然陶然。

【诗中君子】

菊于深秋开花,艳而不娇,既有傲霜不凋的气节,又有义让群芳的品德。陶渊明不为五斗米折腰,隐居山林,与菊为伴,不慕荣利,超然淡泊,吟咏出"秋菊有佳色,裛露掇其英"。白居易《咏菊》:"耐寒唯有东篱菊,金粟初开晓更清。"元稹《菊花》:"不是花中偏爱菊,此花开尽更无花。"生动刻画了菊花兼具勇士与隐者的两种品格。"菊本君子花,幽姿可相亲。""君子花"的美名,既揭示出菊花蕴藏的道德品性,也说明了人们喜爱菊花的缘由。

【诗词体验】

陶渊明用自己的笔记录下归隐后的生活,你能不能通过他的描写,将他的日常生活画出来?

【经典章句】

子曰:"饭疏食饮水,曲肱而枕之,乐亦在其中矣。不义而富且贵,于我如浮云。"——《论语·述而》

浅释:孔子说:"吃粗粮,喝白水,弯着胳膊当枕头,乐趣也就在这中间了。用不正当的手段得来的富贵,对于我来讲就像是天上的浮云一样。"表现了孔子淡泊名利的高尚品质。

【学生书画作品】

  作者：刘思宇

第五篇

【原文】

南 轩 松

唐·李白

南轩有孤松,柯叶①自绵幂②。

清风无闲时,潇洒③终日夕。

阴生古苔绿,色染秋烟碧。

何当凌云霄,直上数千尺。

【注释】

①柯叶:枝叶。

②绵幂:密密层层的样子,枝叶稠密而相覆之意。

③潇洒:洒脱,无拘束貌。形容松树枝叶在清风中摆动的样子。

【赏析】

作者在这首诗中描写了一棵孤松,写它的潇洒高洁、顽强挺拔,赞颂它的品格,其实表现出诗人刚正不阿的高尚品格。作者希望孤松能直上云霄,其中暗含了自己的远大理想与人生抱负。

【诗中君子】

除了梅兰竹菊"四君子"以外,在植物层面与君子文化发生

紧密联系的,还有被列为"岁寒三友"首位的松。松坚强、刚毅的品格也是君子人格的象征,正如当代社会所提倡的"君子弘毅有为"。

【诗词体验】

诗人面对困难不屈服、不放弃,他以松激励自己,积极向上。当你遇到困难时,你会如何激励自己呢?

【经典章句】

岁寒,然后知松柏之后雕也。——《论语·子罕》

浅释:岁寒,是每年天气最寒冷的时候。雕,通"凋",凋零。到了每年天气最冷的时候,就知道其他植物大多凋零,只有松柏挺拔、不落。比喻君子有坚韧的力量,耐得住困苦,受得了折磨,不至于改变初心。

【学生书画作品】

作者：朱梓慧

仁 爱 乐 善

第九单元　君子仁爱

第十单元　君子齐家

第九单元　君子仁爱

导　语

"仁者,人也。"一个有仁爱的人才能算是真正的人,才懂规矩,有教养,敬他人,待人接物能做到"温、良、恭、俭、让"。"仁者爱人",内心以仁的标准严格要求自己,用仁的境界考察自己的思想,这样的人就是君子。

第一篇

【原文】

感遇诗(其三)
唐·陈子昂

苍苍丁零塞①,今古缅荒途。
亭堠何摧兀②,暴骨无全躯。
黄沙幕南起,白日隐西隅。
汉甲三十万,曾以事匈奴。
但见沙场死,谁怜塞上孤。

【注释】

①苍苍:青色。丁零:古代北方种族名,曾属匈奴。
②亭堠:指北方戍兵居住守望的堡垒。摧兀:险峻的样子。

【赏析】

　　武则天统治时期边患绵绵,战事不绝。但武则天不修边备,任用佞臣,不顾无良将迎战,常恃国力强盛,挑衅生事,致使边塞民不聊生,军士和百姓生灵涂炭。第五、六两句描绘了一幅阴沉凄凉的景象:狂风卷起黄沙,漫天飞扬,夕阳西坠,惨淡无光。渲染了古战场的悲凉气氛,表达了诗人对古今在塞外为国捐躯的士兵的无限感伤。"但见"与"谁怜"二句,所写内容一实一虚,对比鲜明,谴责了当政者既不吊慰死者又不抚恤生者的冷酷无

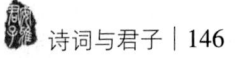

情,表达了对戍边将士及遗孤的同情。

【诗中君子】

"但见沙场死,谁怜塞上孤",充满忠义之气,对战士的无辜牺牲、人民的惨遭蹂躏给予了深厚的同情。对于武则天的好大喜功,陈子昂也提出了沉痛的批评,饱含忧愤之情。"仁"的内涵有广泛的延伸,可以包括孝悌、礼义、信勇,还可以是忠恕、敏惠、宽爱,陈子昂的忧患之情联系着儒家仁义之气,引人无限感慨。《中小学生守则》要求学生要爱国、爱人民,可见在今天,我们仍然要把仁的思想保持并发扬光大。

【诗词体验】

仿照诗中的"苍苍",再说说你知道的关于颜色的叠词。

【经典章句】

先天下之忧而忧,后天下之乐而乐。——范仲淹《岳阳楼记》

浅释:为官者应把国家、民族的利益摆在首位,为祖国的前途、命运分愁担忧,为天底下的人民幸福出力,表现出作者远大的政治抱负和伟大的胸襟胆魄。

【学生书画作品】

作者：吴瑞文

感遇诗其三

苍苍丁零塞，

今古缅荒途。

亭堠何摧兀，

暴骨无全躯。

黄沙幕南起，

白日隐西隅。

汉甲三十万，

曾以事匈奴。

但见沙场死，

谁怜塞上孤。

第二篇

【原文】

又呈吴郎[①]

唐·杜甫

堂前扑枣任西邻[②],无食无儿一妇人。
不为困穷宁有此?只缘恐惧转须亲[③]。
即防远客[④]虽多事,便插疏篱却甚真。
已诉征求[⑤]贫到骨,正思戎马泪盈巾。

【注释】

①呈:呈送,尊敬的说法。这是用诗写的一封信,作者以前已写过一首《简吴郎司法》,这是又一首,所以说"又呈"。吴郎:系杜甫吴姓亲戚。杜甫将草堂让给他住。这位亲戚住下后,即有筑篱护枣之举。杜甫为此写诗劝阻。

②西邻:就是下句说的"妇人"。

③只缘:正因为。转须亲:反而更应该对她表示亲善。亲,亲善。

④防远客:指贫妇对新来的主人存有戒心。防,提防,心存戒备。一作"知"。

⑤征求:指赋税征敛。

【赏析】

杜甫出身于"奉儒守官,未堕素业"的家族,受的是正统的儒家教育,因此毕生发扬着儒家的思想精神。他的作品,无论是长篇还是短制,无论是名篇还是籍籍无名之作,都表现了他忧国忧民的动人真情以及热爱生活、追求人生理想、达观把握人生的胸怀。清人卢世㴶说:"子美温柔敦厚,一来之恺悌慈祥,往往溢于言表。他不具论,即如《又呈吴郎》一首,极煦育邻妇,又出脱邻妇;欲开示吴郎,又回护吴郎。七言八句,百种千层,非诗也,是乃仁音也。"(《读杜私言》)。全诗正是在这种委婉曲折的夹叙夹议中来展现诗人的心理和品质的。诗作表达了杜甫对穷困人民的深切同情。

【诗中君子】

"已诉征求贫到骨,正思戎马泪盈巾",诗人把目光投向贫苦的普罗大众,经历着战火煎熬的人们还得忍受妻离子散的悲惨命运,这是何等的深哀剧痛?这首诗充溢着鲜明的仁的思想,诗中的慨叹流露出诗人浓郁的仁心。这正是当代学生需要学习并保有的君子品德。

【诗词体验】

你能说说吴郎为什么会"插疏篱"吗?诗人杜甫又是怎么想、怎么做的?从这两种截然不同的方式中,你能看出什么?

【经典章句】

穷则独善其身,达则兼善天下。——孟轲《孟子·尽心》

浅释:穷困时不随波逐流,不颓废沉沦,思想上固守自己的信仰和理想,行为上坚持自己的原则和标准。一句话,在不良环境中和不利条件下,做好自己。独善其身免不了"慎其独"。一人独处,亦需谨慎,不放纵。"兼善天下",是说在善己的前提下还要善天下。善天下是指使天下美好,亦可指使天下人共善。细辨起来,两者有先后之别,善己是前提。己未善,何以善天下? 不过,两者没有主次之分,而是同一事的不同阶段。不能说善己为主,善天下为次。个人是社会的一分子,应当尽己之力,使社会美好。

【学生书画作品】

作者：陈飒

第三篇

【原文】

宿五松山下荀媪家①

唐·李白

我宿五松下,寂寥②无所欢。

田家秋作苦③,邻女夜舂寒④。

跪进雕胡饭⑤,月光明素盘⑥。

令人惭漂母⑦,三谢不能餐⑧。

【注释】

①五松山:在今安徽省铜陵市南。媪(ǎo):妇人。

②寂寥:(内心)冷落孤寂。

③田家:农家。秋作:秋天劳作。苦:劳动的辛苦,心中的悲苦。

④夜舂寒:夜间舂米寒冷。舂,将谷物或药倒进器具,捣碎破壳。此句中"寒"与上句"苦",既指农家劳动辛苦,亦指家境贫寒。

⑤跪:古人席地而坐,上半身挺直,坐在足跟上。雕胡:浅水植物菰的别名,俗称"茭白"。秋天结小圆柱形的果实,叫作"菰米"。用菰米做饭,香美可口,称"雕胡饭",古人当作美餐。

⑥素盘:白色的盘子。一说是素菜盘。

⑦惭:惭愧。漂母:在水边漂洗丝织物的妇人。《史记·淮

阴侯列传》载:韩信少时穷困,在淮阴城下钓鱼,一位洗衣老妇见他饥饿,便给他饭吃。后来韩信助刘邦平定天下,功高封楚王,以千金报答漂母。此句以漂母比荀媪。

⑧三谢:多次推托。不能餐:惭愧得吃不下。

【赏析】

李白一生漫游各地,饱览名山大川。他的作品深得"江山之助",这是人所共知的。他的诗歌豪放逸丽,实有得于此。在漫游的过程中,李白接触了大量下层劳动人民。这首诗是李白游五松山时,借宿在一位贫苦妇女荀媪家,受到殷勤款待,亲眼看见了农家的辛劳和贫苦,有感而作的。此诗诉说了劳动的艰难,倾诉了自己的感激和惭愧,流露出感人的真挚感情。诗中虽没有直接描写荀媪的词句,但她忠厚善良的形象宛然如见。全诗朴素自然,语言平淡,于不事雕琢的平铺直叙中颇见神韵,在以豪迈飘逸为主的李白诗歌中别具一格。

【诗中君子】

"令人惭漂母,三谢不能餐",诗中荀媪劳作的辛勤、忍饥挨冻的苦难、诚以待人的美德、慷慨无私的奉献,都使李白深受感动。李白的作品在飘飘欲仙的高蹈旷达中又时时流露出对于世情的执着、对于人民的关切,仁在这首诗中得到了充分的体现。

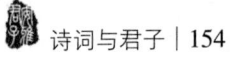

【诗词体验】

试着给诗歌配一幅插图,动手画一画诗中颈联和尾联描绘的画面。

【经典章句】

老吾老,以及人之老;幼吾幼,以及人之幼。——孟轲《孟子·梁惠王上》

浅释:在赡养孝敬自己的长辈时不应忘记其他与自己没有亲缘关系的老人,在抚养教育自己的小孩时不应忘记其他与自己没有血缘关系的小孩。

【学生书画作品】

作者:王若凡

第四篇

【原文】

杉木长涧四首（其四）
宋·朱熹

阡陌纵横①不可寻，死伤狼藉②正悲吟。

若知赤子元无罪，合有③人间父母心。

【注释】

①阡陌纵横：指田地间小路纵横交错。

②狼藉：乱七八糟的样子。

③合有：应该有。

【赏析】

这首诗作于乾道三年（1167年）七月，崇安山洪暴发，诗中描绘了无辜农民死伤无数的惨状，呼吁上层统治者要抚恤农民。当时朱熹获州府传檄参与赈灾事宜，在《答林择之书》中说："熹以崇安水灾被诸司檄来与县官议赈恤事，因为之遍走山谷间，十日而后返，大率今时肉食者漠然无意于民直是难与图事。"朱子诗中多体现系于国事、关心农民的忧患意识，《杉木长涧四首》就是代表。

【诗中君子】

"若知赤子元无罪,合有人间父母心",诗者之仁心,由此可见。自古以来,仁是儒家思想的核心,如今,我们需要在现实中实践仁爱,做到爱自己,爱他人,爱社会。

【诗词体验】

反复吟诵,想象画面,说一说诗歌前两句描述的画面,谈谈你的感受。

【经典章句】

君子去仁,恶乎成名。君子无终食之间违仁,造次必于是,颠沛必于是。——《论语》

浅释:如果君子舍弃仁义这种品德,又如何称其为君子?君子就算是在一饭之间也不违背仁义这种品德,无论是在危急之时,还是在颠沛流离之中,都是如此。

【学生书画作品】

　　作者：吴瑞文

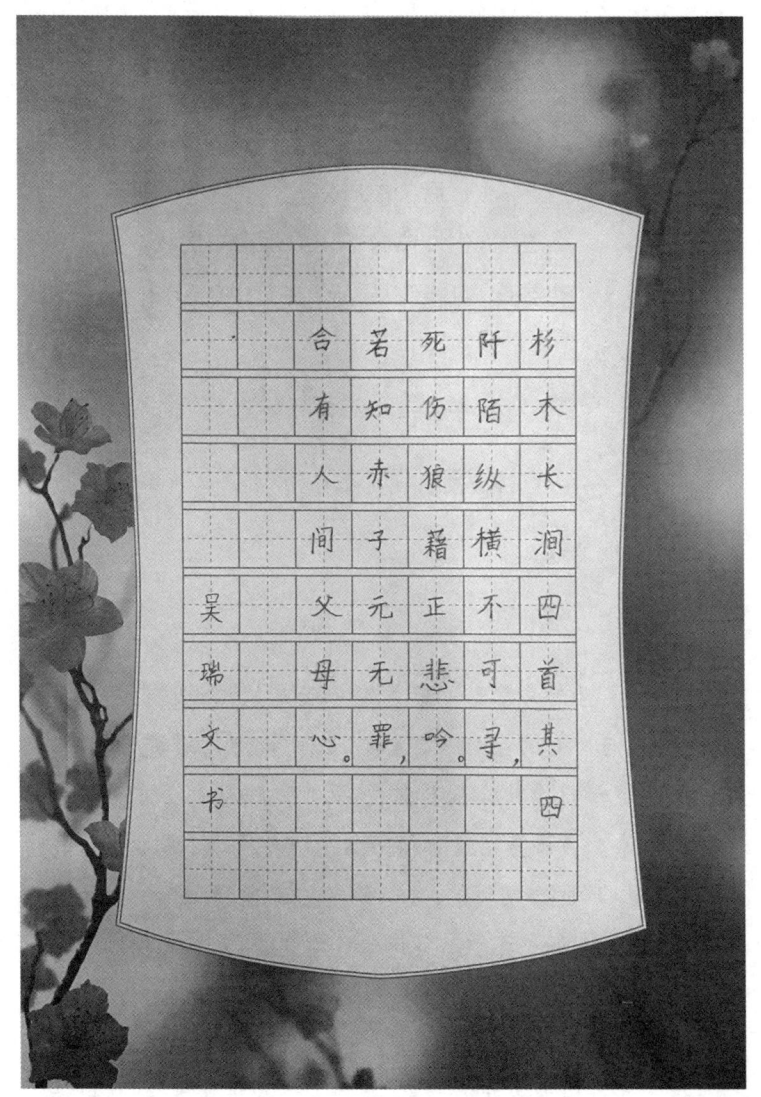

杉木长涧四首其四

阡陌纵横不可寻，

死伤狼藉正悲吟。

若知赤子元无罪，

合有人间父母心。

吴瑞文书

第五篇

【原文】

鸟

唐·白居易

谁道①群生性命微？一般骨肉一般皮。
劝君莫②打枝头鸟，子③在巢中望母归。

【注释】

①道：说。
②莫：不要。
③子：幼鸟。

【赏析】

"谁道群生性命微？一般骨肉一般皮"，谁说这群鸟的生命微小，它们与所有的生命一样都有血有肉。"劝君莫打枝头鸟，子在巢中望母归"，劝你不要打枝头的鸟儿，幼鸟正在巢中等候着母鸟回来。白居易在这首简短的七言绝句中，通过蕴含真情的"子待母归"的自然现象，激起读者的善良、仁爱之心，劝诫人们要爱惜鸟类、保护环境。可谓情真意切，感人肺腑！

【诗中君子】

诗人在诗中发出劝诫之声，劝导人们爱惜鸟类，表现出诗人

的善良、仁爱之心。《中小学生守则》中也提出了爱护家园、爱护花草树木的要求,诗句中的爱鸟护鸟在现实生活中有了落脚点。

【诗词体验】

请你根据后两句诗词内容,试着给这首诗配上插图,描绘诗中的场景。

【经典章句】

子曰:"不仁者不可以久处约,不可以长处乐。仁者安仁,智者利仁。"——《论语》

浅释:孔子说:"没有仁德的人,不可以长久处于贫困,也不可以长久处于安逸。有仁德的人无论环境好坏都能实行仁道;有智慧的人,知道行仁有利也能够实行仁道。"

【学生书画作品】

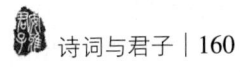

作者：王孝优

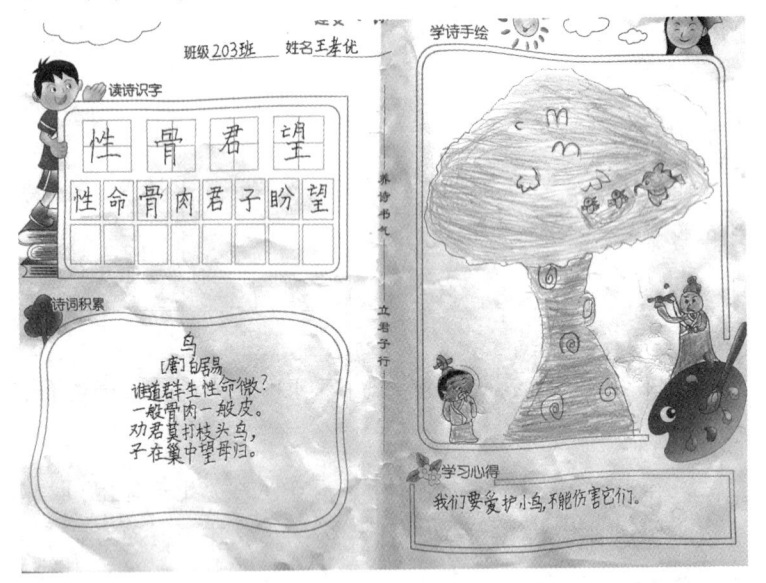

第十单元　君子齐家

导　语

家是"茅檐低小,溪上青青草"的记忆,家是"醉里吴音相媚好,白发谁家翁媪"的白头偕老,家是"大儿锄豆溪东,中儿正织鸡笼。最喜小儿亡赖,溪头卧剥莲蓬"的儿女绕膝,家是"举头望明月,低头思故乡"的深深眷念……无论你是在天涯,还是在海角,只要一想到家,就会有一种亲情回荡在心头。"每逢佳节倍思亲",家是烙在游子心中深深的印记,无论天南海北,家是游子的归宿,故乡是诗人眺望的方向。

第一篇

【原文】

清平乐·村居①

宋·辛弃疾

茅檐②低小,溪上青青草。

醉里吴音相媚好③,白发谁家翁媪④?

大儿锄豆⑤溪东,中儿正织鸡笼。

最喜小儿亡赖⑥,溪头卧⑦剥莲蓬。

【注释】

①清平乐(yuè):词牌名。村居:题目。

②茅檐:茅屋的屋檐。

③吴音:吴地的方言。作者当时住在信州(今江西省上饶市),这一带的方言为吴音。相媚好:指相互逗趣、取乐。

④翁媪:老翁、老妇。

⑤锄豆:锄掉豆田里的草。

⑥亡(wú)赖:这里指小孩顽皮、淘气。亡,通"无"。

⑦卧:趴。

【赏析】

茅檐、小溪、青草,这本来是农村司空见惯的东西,作者把它们组合在一个画面里,却显得格外清新优美。在写人方面,翁媪饮酒聊天,大儿锄草,中儿编鸡笼,小儿卧剥莲蓬。通过这样简单的情节安排,就把生机勃勃、和平宁静、朴素安适的农村生活,真实地反映出来了,给人一种诗情画意、清新悦目的感觉。这样的构思巧妙、新颖,色彩和谐、鲜明,给人留下了难忘的印象。从作者对农村清新秀丽、朴素雅静的环境描写,对翁媪及其三子形象的刻画,表现出作者喜爱农村和平宁静的生活的思想感情。

【诗中君子】

家是一份责任,家是彼此真诚相待,家更是能够白头偕老的漫漫旅程。家,一个让人感到温暖的字,一个充满奥秘的字,即使千言万语也说不尽它的意义。

【诗词体验】

诗人描绘了一家五口在乡村的生活情态,表现了生活之美和人情之美,体现了作者对安宁、平静的田园生活的羡慕与向往。你能将这种场景用你手中的笔画下来吗?

【经典章句】

所谓齐其家在修其身者,人之其所亲爱而辟焉,之其所贱恶而辟焉,之其所畏敬而辟焉,之其所哀矜而辟焉,之其所敖惰而辟焉。故好而知其恶,恶而知其美者,天下鲜矣!故谚有之曰:

"人莫知其子之恶,莫知其苗之硕。"此谓身不修不可以齐其家。——《礼记·大学》

浅释:之所以说管理好家庭和家族要先修养自身,是因为人们对于自己亲爱的人会有偏爱,对于自己厌恶的人会有偏恨,对于自己敬畏的人会有偏向,对于自己同情的人会有偏心,对于自己轻视的人会有偏见。因此,很少有人能喜爱某人又看到那人的缺点,厌恶某人又看到那人的优点。所以有谚语说:"人不知道自己孩子的坏,人不知道自己庄稼的好。"这就是不修养自身就不能管理好家庭和家族的道理。

【学生书画作品】

作者:张博宇

第二篇

【原文】

渔家傲①·秋思
宋·范仲淹

塞下秋来风景异②,衡阳雁去③无留意。四面边声连角起④,千嶂⑤里,长烟⑥落日孤城闭。

浊酒一杯家万里,燕然未勒⑦归无计。羌管⑧悠悠霜满地,人不寐,将军白发征夫泪。

【注释】

①渔家傲:词牌名,双调六十二字,仄韵,上下片各四个七字句、一个三字句,每句用韵,声律谐婉。

②塞下:边界要塞之地,这里指西北边疆。风景异:指景物与江南一带不同。

③衡阳雁去:是"雁去衡阳"的倒语,指大雁离开这里飞往衡阳。相传北雁南飞,到湖南的衡阳为止。

④边声:指各种带有边境特色的声响,如大风、号角、羌笛、马啸的声音。角:古代军中的一种乐器。

⑤千嶂:像屏障一般的群山。

⑥长烟:荒漠上的烟。

⑦燕然未勒:指边患未平、功业未成。燕然,山名,即今蒙古国境内之杭爱山。勒,刻石记功。

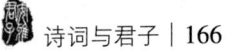

⑧羌(qiāng)管：羌笛。出自古代西部羌族的一种乐器。

【赏析】

开篇"塞下秋来风景异,衡阳雁去无留意"两句,极力渲染边塞秋季风景的独异。"四面边声连角起,千嶂里,长烟落日孤城闭",从视觉、听觉等方面表现了边塞地区的萧条寂寥。这首边塞词既表现将军的英雄气概及征夫的艰苦生活,也暗寓对宋王朝重内轻外政策的不满,爱国激情,浓重乡思,兼而有之,构成了将军与征夫思乡却渴望建功立业的复杂矛盾的情绪。这种情绪主要是通过景物的描写、气氛的渲染,委婉地传达出来的。综观全词,意境开阔苍凉,形象生动鲜明,反映出作者耳闻目睹、亲身经历的场景,表达了作者自己和戍边将士们的内心感情,读起来真切感人。

【诗中君子】

千秋家国梦,悠悠君子心。天下兴亡,匹夫有责！君子筑梦,家国满怀！君子是"在外能挡千军万马,在内能孝亲持家"的真性情之人,君子具有诚实守信、宅心仁厚、忠孝节义、克己复礼的情怀和人格。无论是《礼记》里修身齐家治国平天下的人文理想,还是《岳阳楼记》中"先天下之忧而忧,后天下之乐而乐"的责任担当,或是陆游"家祭无忘告乃翁"的忠诚执着,家国情怀从来都不只是文学作品中写出来的,更是你我内心之中的精神归属。那种与国家、民族休戚与共的壮怀,那种以百姓之心为心、以天下为己任的使命感,就来自那个叫作"家"的人生开始的地方。

【诗词体验】

短短的六十二个字道出了诗人的爱国激情、浓重乡思,表现了将军与征夫虽思乡却渴望建功立业的复杂矛盾的情绪,表达了作者自己和戍边将士们的内心感情。如果是你离开家乡的话,你的心中也一定和诗人一样有无限感慨,请拿起手中的笔写一写吧!

【经典章句】

或谓孔子曰:"子奚不为政?"子曰:"《书》云:孝乎惟孝,友于兄弟,施于有政。是亦为政,奚其为为政?"——《论语》

浅释:有人问孔子:"您为什么不从政呢?"孔子说:"《书》上说:孝敬父母,友爱兄弟,将孝悌之道施行到有关政治上去。这也是为政啊!为什么一定要当官出仕才算是为政呢?"

【学生书画作品】

作者：胡熙彤

塞下秋来风景异，衡阳雁去无留意。四面边声连角起，千嶂里，长烟落日孤城闭。

浊酒一杯家万里，燕然未勒归无计。羌管悠悠霜满地，人不寐，将军白发征夫泪。

范仲淹 渔家傲 秋思

己亥夏胡熙彤书

第三篇

【原文】

回乡偶书(其二)
唐·贺知章

离别家乡岁月多,近来人事半消磨。
惟有门前镜湖水①,春风不改旧时波。

【注释】

①惟:只。镜湖:在浙江省绍兴市会稽山的北麓(lù),方圆三百余里。

【赏析】

这首诗可看作是《回乡偶书》(其一)的续篇。诗人到家以后,通过与亲朋的交谈得知家乡人事的种种变化,在叹息久居他乡、年事已高之余,又不免发出人事无常的慨叹来。"离别家乡岁月多",相当于上一首的"少小离家老大回"。诗人不厌其烦重复这同一意思,无非是因为一切感慨莫不是由于数十年背井离乡引起的。贺知章的故居即在镜湖之旁。虽然阔别镜湖已有数十个年头,而在四围春色中镜湖的水波一如既往。诗人独立镜湖之旁,一种物是人非的感触自然涌上了他的心头,于是又写下了"惟有门前镜湖水,春风不改旧时波"的诗句。诗中的"岁月多""近来""旧时"等表示时间的词语贯穿而下,使全诗笼罩

在一种低回沉思、不胜伤感的气氛之中。与第一首相比较,如果说诗人初进家门见到儿童时曾感受到一丝置身于亲人之中的欣慰的话,那么,当他听了亲朋的介绍以后,独立于波光粼粼的镜湖之旁时,无疑已变得愈来愈感伤了。

【诗中君子】

家被视为人的生命中唯一可靠的栖息地和庇护所。作者在唐玄宗天宝三年(744年),辞去朝廷官职,告老返回故乡越州永兴(今浙江省杭州市萧山区),时已八十六岁。此时距他离开家乡已有五十多个年头了。人生易老,世事沧桑,他心头有无限感慨。家被视为人的生命唯一可靠的栖息地和庇护所。宋朝释道原在《景德传灯录》中云:"叶落归根,来时无口。"客居异乡的人,最终还是要回归本乡本土。

【诗词体验】

贺知章老爷爷八十六岁回到家乡,面对老屋旁的镜湖之水心中生出无限感慨,你的家乡是哪里呢?你觉得那里美吗?你喜欢吗?我们动手画一画记忆中的家乡。

【经典章句】

人有恒言,皆曰"天下国家"。天下之本在国,国之本在家,家之本在身。——孟轲《孟子·离娄上》

浅释:人们有句老话,都说"天下国家"。天下的基础在于国,国的基础在于家,家的基础在于个人。

【学生书画作品】

作者：金远

第四篇

【原文】

望驿台

唐·白居易

靖安宅里当窗柳①,望驿台②前扑地花。

两处春光同日尽,居人思客客思家③。

【注释】

①柳:意即怀念人。唐人风俗,爱折柳以赠行人,因柳而思游子。

②望驿台:在四川省广元市。驿,旧时供传递公文的人中途休息、换马的地方。

③居人:家中的人,这里指元稹的妻子。客:在外的人,指元稹。

【赏析】

这首诗的中心是一个"思"字。全诗紧扣"思"字,含蓄地、层层深入地展开。首句"当窗柳",表达了闺中思念;次句用"扑地花",写出驿旅苦思。这两句都通过形象以传情,不言思而"思"字灼然可见。第三句推进一层,写出了三月三十日这个特定时日由希望转入失望的刻骨相思。但仍然没有直接点出,只

用"春光尽"三字来写,很有含蓄之妙。第四句更推进一层,含蓄变成了爆发,直点"思"字,而且选用两个"思"字,将前三句都绾合起来,点明诗旨,收束得很有力量。此诗为白居易和好友元稹诗作,诗格与原作一样,采用"平起仄收"式,但又与原诗不同,开篇便用对句,而且对仗工整,不仅具有形式整饬之美,也加强了表达力量。因为,在内容上,这两句是同时写双方,用了对句,就表现出双方感情同等深挚,相思同样缠绵,形式与内容和谐一致,相得益彰。又由于用对句开篇,用散句收尾,章法于严谨中有变化,也就增加了诗的声情之美。

【诗中君子】

"对于乡愁而言,还乡是唯一的解药。"(李斌)家是游子的心灵港湾,是浓得化不开的情结。然而古往今来,少小离家建功立业,几乎成为一以贯之的文化传统。人生选择与内心情感逆向行驶,并非是因为不眷顾家园亲情,而在于炽烈情怀早已从乡土走向家国。

【诗词体验】

诗人白居易想念远行的好友元稹,如果此时此刻,他俩再次相遇,互相会说些什么呢?请试着写下来!

【经典章句】

《诗》云:"桃之夭夭,其叶蓁蓁;之子于归,宜其家人。"宜其家人,而后可以教国人。《诗》云:"宜兄宜弟。"宜兄宜弟,而后可以教国人。《诗》云:"其仪不忒,正是四国。"其为父子兄弟足法,而后民法之也。此所谓治国,在齐其家。——《礼记·大学》

浅释:《诗经·周南桃夭》云:"桃花怒放千万朵,绿叶茂盛永不落。这位姑娘要出嫁,齐心携手家和睦。"能使一家人和睦相处,然后才能教育国人。《诗经·小雅·蓼萧》说:"兄弟亲爱和睦。"能够同兄弟和睦融洽,然后才可以教育国人。《诗经·曹风·鸤鸠》说:"仪容端庄从不走样,各国有了模范形象。"美德足够让父子兄弟效法,然后百姓才会效法。这就叫作治理国家首先要整顿好自己的家。

【学生书画作品】

作者:汪汇

靖安宅里当窗柳,望驿台前扑地花。两处春光同日尽,居人思客客思家。

唐白居易望驿台

己亥仲夏汪汇

第五篇

【原文】

碛①中作

唐·岑参

走②马西来欲到天,辞家见月两回圆③。

今夜不知何处宿,平沙万里绝人烟④。

【注释】

①碛(qì):沙漠。

②走:骑。

③辞:告别,离开。两回圆:表示两个月。

④平沙:广阔的沙漠。绝:没有。

【赏析】

在唐朝诗坛上,岑参的边塞诗以奇情异趣独树一帜。他前后两次出塞,对边塞生活有深刻的体会,对边疆风物怀着深厚的感情。这首《碛中作》,就写出了诗人在万里沙漠中勃发的诗情。诗人精心摄取了沙漠行军途中的一个剪影,向读者展示了他戎马倥偬的动荡生活。在叙事写景中,巧妙地寄寓细微的心理活动,含而不露,情深意远。

"走马西来欲到天",从空间落笔,气象壮阔。走马疾行,显示旅途紧张。"西来",点明了行进方向。"欲到天",既写出了

边塞离家之远,又展现了西北高原野旷天低的气势。在诗人笔下,戎马生涯的艰苦、边疆地域的荒凉,正显示诗人从军边塞的壮志豪情。

【诗中君子】

"知责任者,大丈夫之始也;行责任者,大丈夫之终也。"责任和担当,乃家国情怀的精髓所在。当我们专注于亲情眷念、自我圆满时,不应忘了民生之疾苦同样关乎自我之荣辱。更好地兼顾小家与国家,将对家的情意深凝在对他人的大爱、对国家的担当上,人生才能真正达成圆满。"亦余心之所善兮,虽九死其犹未悔。"精神有了归属,生命就有意义。家国情怀是一股永不衰竭的精神涌流,有了它的丰润,我们必能描绘大写的人生,成就不凡的意义。

【诗词体验】

1. 走近诗人:联系特定的背景和作者的生平了解诗人的相关诗作。

2. 古人以"月"遥寄思乡之情的诗还有许多,我们也找来读一读吧!

【经典章句】

我徂东山，慆慆不归。我来自东，零雨其蒙。我东曰归，我心西悲。制彼裳衣，勿士行枚。蜎蜎者蠋，烝在桑野。敦彼独宿，亦在车下。——《诗经》

浅释：自我远征东山，回家愿望久成空。如今我从东山回，满天小雨雾蒙蒙。才说要从东山归，我心忧伤早西飞。家常衣服做一件，不再行军事衔枚。野蚕蜷蜷树上爬，田野桑林是它家。露宿将身缩一团，睡在哪儿车底下。

【学生书画作品】

作者：陶龑

弘毅有为

第十一单元　君子和乐

第十二单元　君子承教

第十三单元　君子雅思

第十一单元　君子和乐

导　语

　　孟子说"仰不愧于天,俯不怍于人",而自我修养之道,最难莫过于养心。如果一个人没有可以愧疚的事情,那么就会心情泰然,这样才能经常保持快乐和平和。这是人生的自强之道,也是君子内心之乐。

第一篇

【原文】

赠秀才入军

魏·嵇康

息徒兰圃①,秣马华山。

流磻平皋②,垂纶长川。

目送归鸿,手挥五弦。

俯仰自得,游心太玄③。

嘉彼钓叟,得鱼忘筌④。

郢人逝矣,谁与尽言?

【注释】

①兰圃:有兰草的野地。

②磻(bō):用生丝做绳系在箭上射鸟叫作弋,在系箭的丝绳上加系石块叫作磻。皋:水边之地。这句是说在皋泽之地射鸟。

③太玄:就是大道。"游心太玄",是说心中对于道有所领会,也就是上句"自得"的意思。

④《庄子·外物》道:"筌者所以在鱼,得鱼而忘筌。"又道,"言者所以在意,得意而忘言。""得鱼忘筌"是"得意忘言"的比喻,说明言论是表达玄理的手段,目的既达,手段就不需要了。筌,捕鱼竹器名。

【赏析】

　　诗人想象其兄嵇喜行军之暇领略山水乐趣的情景。他将在长满兰草的野地上休息,在鲜花盛开的山坡上喂马,在草地上射鸟,在长河里钓鱼,一边若有所思地目送南归的鸿雁,一边信手抚弹五弦琴。他的心神游于天地自然之中,随时随地都对自然之道有所领悟。显然这里所写的与其说是征人生活,不如说是诗人抒写自己纵心自然的情趣。最后诗人用《庄子》中"匠石斫垩"的典故来表达自己对嵇喜从军远去的惋惜心情。

【诗中君子】

　　"目送归鸿,手挥五弦"二句,是人们历来所称道的妙句,它以凝练的语言摹写出高士飘然出世、心游物外的风神,传达出一种悠然自得、与造化相伴的哲理境界。当此时,人世的机巧之心一扫而空,显得淡泊而恬远。想想现实生活中,很多人沉迷于俗情事务中,追逐世间名利。这两句诗就犹如一剂清凉的药,使人心智清醒。

【诗词体验】

　　这首诗写出了哪些山水自然的乐趣,你能从诗中找出来吗?再用你的生花妙笔把这些景象画出来。

【经典章句】

　　礼乐不可斯须去身。致乐以治心,则易直子谅之心油然生

矣。易直子谅之心生则乐,乐则安,安则久,久则天,天则神。天则不言而信,神则不怒而威,致乐以治心者也。——《礼记·乐记》

浅释:君子说,礼乐不可片刻离身。深刻体会乐的作用并用以陶冶内心,平易正直、慈爱诚信的心就会自然而然地产生。有了平易正直、慈爱诚信之心就自然感到快乐,感到快乐就会心神安宁,心神安宁就会生命长久,久而久之就会被人信之如天,畏之如神。这就有如天虽不言,而四季的交替从不失信;神虽不怒,而人人敬畏其威。这就是深刻体会乐的作用从而陶冶内心的结果。

【学生书画作品】

作者:陈默言

第二篇

【原文】

饮酒(其五)

晋·陶渊明

结庐①在人境,而无车马喧②。

问君何能尔③?心远地自偏。

采菊东篱下,悠然见南山。

山气日夕佳,飞鸟相与还。

此中有真意④,欲辨已忘言。

【注释】

①结庐:建造住宅,这里指居住的意思。

②车马喧:指世俗交往的喧扰。

③何能尔:为什么能这样。

④真意:从大自然里领会到人生真谛。

【赏析】

这首诗虽是平淡之语,却平而有趣、淡而有味,其间蕴含了乐景、怡情、寓理的丰富内涵。这里的景是一幅美妙的秋日晚景:一日,诗人在东边篱笆之下采摘菊花,不经意间一抬头,远处的南山就映入了眼帘。悠然间,诗人直起身子,举目四望,感到身处自然,山中的气息是如此沁人心脾,傍晚的景色是那么美

妙,尤其是那结伴归来的无忧无虑的飞鸟,仿佛就是此刻诗人的化身。诗人沉醉在自然的山水间,是因为他有着别样的人生情趣,即纯洁自然的恬淡心情。诗人曾经也立下匡时济世、建功立业的理想,但后来发现世风不古、官场险恶,于是便选择了洁身自好、守道固穷的道路,归隐田园,自食其力。如何才能有这样恬淡的心境呢?这首诗中就有答案:心远地自偏。只要自己心志高远,自然就会觉得自己所处的地方僻静无扰了。全诗道出了深刻的人生哲理:人不仅是在社会、在人与人的关系中存在,作为独立的生命个体,人还是整个自然宇宙的一部分。

此诗以平淡之语,写秋日晚景,叙归隐之乐,道生活哲理,既富于情趣,又饶有理趣,达到了情、景、理的统一。尤其是"问君何能尔?心远地自偏""此中有真意,欲辨已忘言"几句,"清悠淡永,有自然之味"(王世贞),更具艺术魅力。

【诗中君子】

"采菊东篱下,悠然见南山",在自己家东墙下采撷菊花,偶尔抬头,不经意间,南山的景色却悠然映入眼帘。这里,相与归还的鸟儿和悦欣然,它们没有了彷徨,没有了迷惘,也没有了离群的悲伤。它们投射了诗人摆脱孤独迷茫后,精神获得巨大的归属和依托感,从而呈现出自由宁静欢乐的心情。诗人在匡时济世的理想不能实现的时候,不与世俗同流合污,而是把时间和精力用来涵养内心,不去苛责外面的世界。

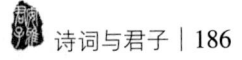

【诗词体验】

同学们,陶渊明诗中的菊花、南山是一副怎样的风景图呢?边想象诗人当时的心情,边画一画吧。

【经典章句】

正己而不求于人则无怨。上不怨天,下不尤人。——《礼记·中庸》

浅释:端正自己而不苛求别人,这样就不会有什么抱怨了。上不抱怨天,下不抱怨人。

【学生书画作品】

作者:崔黄博

第三篇

【原文】

闻官军①收河南河北
唐·杜甫

剑外忽传收蓟北②,初闻涕泪满衣裳。
却看妻子愁何在,漫卷③诗书喜欲狂。
白日放歌须纵酒,青春做伴好还乡。
即从巴峡穿巫峡,便下襄阳向洛阳。

【注释】

①官军:指唐朝军队。

②剑外:剑门关以南,这里指四川。蓟北:泛指唐朝幽州、蓟州一带,今河北北部地区,是安史叛军的根据地。

③漫卷(juǎn):胡乱地卷起。本句是说杜甫已经迫不及待地整理行装准备回家乡去了。

【赏析】

本诗主要是抒写作者忽闻叛乱已平的捷报,急于奔回老家的喜悦。这年春天,杜甫五十二岁,当他得知安史之乱结束的消息,欣喜若狂,手舞足蹈,冲口吟出了这首七律。

"剑外忽传收蓟北",起势迅猛,写出了捷报传来时作者内心的意外之喜。被叛军占领的地方收复了,不用再打仗了,战争给国家造成了巨大伤害,老百姓遭受了苦难,如今可以休养生息了。颠沛流离、感时恨别的苦日子,总算熬过来了,然而痛定思痛,作者回想起八年来经受的重重磨难,又不禁悲从中来,无法压抑。可是,这一场浩劫终于像噩梦一般过去了,老百姓可以返回故乡开始新的生活,作者于是又转悲为喜,喜不自胜。

第二联以转作承,诗人似乎想向家人说些什么,但又不知从何说起。其实,无须说什么了,多年笼罩全家的愁云不知跑到哪儿去了。这一句是用妻儿的欢欣来衬托诗人的欣喜之情。

春天已经来临,在鸟语花香中与妻子儿女们"做伴",正好"还乡"。诗人想到这里,自然就会"喜欲狂"了。

尾联是诗人的联想,身在梓州,顷刻间就已回到家乡。诗人的惊喜达到高潮,全诗也至此结束。

【诗中君子】

这首诗主要叙写了诗人听到官军收复失地的消息后,十分喜悦,收拾行装立即还乡的事。抒发诗人无法抑制的胜利喜悦与还乡快意,表现了诗人真挚的爱国情怀。诗人杜甫始终关注国家的前途命运,同情黎民百姓的困苦,不计较个人得失。从这首诗里,我们可以看得出,杜甫把自己的喜怒哀乐完全和国家的前途命运联系在一起了。他一生忧国忧民,是我们心中有血有肉的"诗圣",更是一代正人君子。

【诗词体验】

此诗最后一联"即从巴峡穿巫峡,便下襄阳向洛阳",出现

了四个地名,仿佛一幅幅疾速飞驰的画面,一个接一个地从读者眼前一闪而过,表现了作者喜悦而想要急速回家的心情。你还见过这样的诗句吗?你有没有产生过这种冲动呢?试着写下来吧!

【经典章句】

故天将降大任于是人也,必先苦其心志,劳其筋骨,饿其体肤,空乏其身,行拂乱其所为,所以动心忍性,曾益其所不能。——孟轲《孟子·告子》

浅释:所以上天要把重任降临在某人的身上,一定先要使他心意苦恼,筋骨劳累,使他忍饥挨饿,身体空虚乏力,使他的每一行动都不如意,这样来激励他的心志,使他性情坚忍,增加他所不具备的能力。

【学生书画作品】

作者:胡思卓

第四篇

【原文】

春日偶成①
宋·程颢

云淡风轻近午天②,傍花随柳过前川。
时人不识余心乐,将谓偷闲学少年。

【注释】

①偶成:偶然写成。
②云淡:云层淡薄,指晴朗的天气。午天:指中午的太阳。

【赏析】

　　这是一首即景诗,描写春天郊游的心情以及春天的景象;也是一首写理趣的诗,作者用朴素的手法把柔和明丽的春光同自得其乐的心情融为一体。开头两句写云淡风轻、繁花垂柳,一片大自然的郁勃生机;第三句是诗意的转折和推进;第四句进一步说明自己并非学少年偷闲春游,它所要表达的是一种哲理,以及对自然和宇宙的认识。

　　全诗情景交融,表现了作者追求平淡自然、不急不躁的性情和水到渠成的务实功夫,也表现了一种闲适恬静的意境。诗歌风格平易自然,语言浅显通俗。

【诗中君子】

本诗写出了作者对云、风、花、柳等自然景观的喜爱,但其中更隐括着作者忘世脱俗的高雅情调。正是这种情调,才使他几乎忘记了时间,忘记了疲劳,达到了如醉如痴的境界。程颢是一位著名的理学家,尽管他写这首诗时很可能已经是一位蔼然长者,可他仍然无法抗拒大自然对他的吸引,做出一些为时人所不能理解的举动。这其中包括了他对自然真性的追求和理解,同时也包括了他对一般时人的嘲笑与讽刺,既展现了他对人生价值的另一种认识,也表现了他乐在其中、孤芳自赏的高雅。至此,一向被人们认为是一本正经的理学家也有意无意地披露了他性格的另一个侧面:他不仅生活在令人窒息的"理"的世界中,还是一个对大自然充满感情的活生生的人,只不过他的感情经常被"理"压抑罢了。君子应常葆高雅的人生情怀。

【诗词体验】

诗人走出书斋,自然给他带来了意外的欣喜。这一天,作者程颢究竟经历了哪些心灵变化过程呢?发挥你的想象,把作者这一天的经历编成一个小故事写下来。

【经典章句】

春日迟迟,卉木萋萋。仓庚喈喈,采蘩祁祁。——《小雅·出车》

浅释:春天白昼变长,温暖宜人,花草都长得很快,生机勃勃。草长莺飞,鸟儿鸣叫,众多姑娘忙着采白蒿。

【学生书画作品】

作者：曹瑄

第五篇

【原文】

春夜喜雨
唐·杜甫

好雨知①时节,当春乃发生②。
随风潜入夜,润物细无声。
野径云俱黑,江船火独明。
晓看红湿处③,花重锦官城④。

【注释】

①知:明白,知道。说雨知时节,是一种拟人化的写法。
②乃:就。发生:萌发生长。
③红湿处:指有带雨水的红花的地方。
④花重:花沾上雨水而变得沉重。重:读作 zhòng,沉重。锦官城:成都的别称。

【赏析】

诗人杜甫盼望这样的"好雨",喜爱这样的"好雨",所以题目中的那个"喜"字在诗里虽然没有露面,但"喜意都从罅缝里迸透"(浦起龙《读杜心解》)。诗人正在盼望春雨润物的时候,雨就下起来了,于是一上来就满心欢喜地叫好。第二联所写,是诗人听出来的。诗人倾耳细听,听出那雨在春夜里绵绵密密地

下,只为润物,不求人知,自然"喜"得睡不着觉。由于那雨"润物细无声",听不真切,生怕它停止了,所以出门去看。第三联所写,是诗人看见的。看见雨意正浓,就情不自禁地想象天明以后春色满城的美景。其无限喜悦的心情,表现得十分生动。中唐诗人李约有一首《观祈雨》:"桑条无叶土生烟,箫管迎龙水庙前。朱门几处看歌舞,犹恐春阴咽管弦。"和那些朱门里看歌舞的人相比,杜甫对春雨润物的喜悦之情自然是一种很崇高的感情。

【诗中君子】

诗人杜甫作此诗时,已在成都草堂定居两年。杜甫在经过一段时间的流离转徙的生活后,终于在成都定居。他亲自耕作,种菜养花,与农民交往,对春雨感情很深,因而写下了这首描写春夜降雨、润泽万物的美景的诗作。杜甫一听到雨声,就感到无限喜悦,这喜悦恰好反映了诗人关心人民疾苦的崇高的思想感情。这正是君子仁爱精神的体现,自己虽身处贫困,却仍希望老百姓都能得到安乐。

不论身在何种处境,君子总是"先天下之忧而忧,后天下之乐而乐",这样的情怀是君子之志。一个人把国家、民族的未来时时放在心上,忧国忧民,这种"忧"其实也是一种"乐",一种找到人生目标而终生不移、不悔的君子之乐,所以孔子说"君子无忧"。

【诗词体验】

　　风霜雨雪是再常见不过的天气现象,同学们有没有遇到过一场触发内心情感的气候现象呢?你能把这种感受用自己喜欢的语言形式写一写吗?

【经典章句】

　　乐民之乐者,民亦乐其乐;忧民之忧者,民亦忧其忧。——孟轲《孟子·梁惠王下》

　　浅释:执政者如果以民众的快乐为快乐,民众就会为执政者的快乐而快乐;执政者如果把民众的忧苦当作自己的忧苦,民众也会为执政者的忧苦而忧苦。

【学生书画作品】

　　作者:黄子荀

第十二单元　君子承教

导　语

"建国君民,教学为先"是中国千年来的教育哲学。教育是一个国家、一个民族发展的根本,是促进科技发展、经济繁荣、社会进步的源泉,而中国人早已深知教育是强国富民之本,与国家、民族命运息息相关。

第一篇

【原文】

无　题
唐·李商隐

相见时难别亦难,东风无力百花残①。

春蚕到死丝方尽,蜡炬②成灰泪始干。

【注释】

①东风:春风。残:凋零。

②蜡炬:蜡烛。

【赏析】

见面的机会真是难得,分别时难舍难分,而百花残谢,更加使人伤感。春蚕结茧到死时丝才吐完,蜡烛要燃尽成灰时像泪一样的蜡油才能滴干。这两句话现在常被拿来形容老师,比喻我们的老师含辛茹苦教导学生。

【诗中君子】

"学贵得师,亦贵得友。"教师是人类灵魂的工程师,是知识与文明的传播者,那么教师身上所担负的责任具有传授知识和塑造灵魂的双重性。当代的教师既要教会学生做人,又要使学生掌握现代化科学知识,同时还要不断发展完善自我。故我们

常说老师像蜡烛,燃烧自己照亮学生;老师像春蚕,吐净蚕丝温暖别人。

【诗词体验】

李商隐写了不少"无题"诗,以"无题"为题等于没有题目,请你根据诗歌内容或情感为本诗拟写一个题目。

【经典章句】

某闻古之学者必严其师,师严然后道尊,道尊然后笃敬,笃敬然后能自守,能自守然后果于用,果于用然后不畏而不迁。三代之衰,学校废。至两汉,师道尚存,故其学者各守其经以自用。是以汉之政理文章与其当时之事,后世莫及者,其所从来深矣。后世师法渐坏,而今世无师,则学者不尊严,故自轻其道。轻之则不能至,不至则不能笃信,信不笃则不知所守,守不固则有所畏而物可移。是故学者惟俯仰徇时,以希禄利为急,至于忘本趋末,流而不返。夫以不信不固之心,守不至之学,虽欲果于自用,而莫知其所以用之道,又况有禄利之诱、刑祸之惧以迁之哉!此足下所谓志古知道之士世所鲜,而未有合者,由此也。——欧阳修《答祖择之书》

浅释:我听说,古代求学的人必先敬重老师,老师受到敬重,他传授的学问道理才受尊崇;学问道理受到尊崇,学习的人才会深怀敬意;深怀敬意,才会坚守不移;坚守不移,才能敢于施行;敢于施行,才无所畏惧而不改变操守。夏商周三代衰落,学校被废弃了。到了两汉,尊师之道还能够保存,因此当时求学的人还

能坚守老师传授的经学来供自己运用。因此,汉朝的政治、文章及当时的各种措施,后世没有能比得上的,它的原因是很深远的。后世尊师的风气逐渐败坏,现在可以说没有老师了。求学的人不尊重老师,所以往往轻视自己所学的道。轻视自己所学的道,就不能达到最高的境界;不能达到最高的境界,就不能深信不疑;不能深信不疑,就不知道有所坚守;所守不稳固,就容易有所畏惧,为外物所动摇。因为这样,做学问的人只好随波逐流,追随时俗,把追求利禄作为当务之急,以致忘本逐末,像水之趋下而不知回头。以不坚定的信仰、不稳固的心志,抱着并未透彻了解的所谓学问,即使敢于有所作为,也不知道通过什么途径去行动,何况还有利禄的引诱、刑罚的威胁在动摇他的意志呢?这就是你所说的立志效法古人,并懂得道的读书人现在太少,没有志同道合的朋友,原因就在于此。

【学生书画作品】

作者：潘逸妮

第二篇

【原文】

奉和令公绿野堂种花①
唐·白居易

绿野堂开占物华,路人指道令公家。

令公桃李满天下,何用堂前更种花。

【注释】

①奉和:作诗词和别人相应和,达到一唱一和的效果。令公:即指裴度,令公是唐朝对中书令的尊称。绿野堂:唐朝诗人裴度的住宅名,故址在今天的河南省洛阳市南。

【赏析】

绿野堂建好以后便占尽了万物的精华,路过此处的人都说那是裴令公的家。可令公的学生已经遍满天下,哪里还需要再在房子四周种花呢?此诗通过写令公房前的景象,表现出了作者对一位教书育人的老师桃李满天下的赞美与崇敬之情。

【诗中君子】

"学高为师,身正为范。"学问高明是老师对学生进行教育的基石,而老师拥有良好的人格才可以为人示范。一个让人敬仰的老师不仅要严格要求自己的学生在学业上有所成就,还应

当培养学生拥有良好的品格,养诗书之气,做谦谦君子。只有这样,绿野堂前开的花才千姿百态,各显芬芳,也才能让绿野堂前无需种花,便能占尽万物精华,芳名远播。

【诗词体验】

诗歌中哪两句着重表现出了对一个老师桃李满天下的赞美?

【经典章句】

玉不琢,不成器;人不学,不知道。是故古之王者建国君民,教学为先。《兑命》曰:"念终始典于学。"其此之谓乎! ——《礼记·学记》

浅释:玉石不经过精雕细琢,就无法变成好的器物;而人不经过认真努力地学习,就不会明白道理。所以古代的君主建立国家、统治人民,要以教育为先。

【学生书画作品】

　　作者：查晨

第三篇

【原文】

新　竹
清·郑燮

新竹高于旧竹枝,全凭老干为扶持。
下年再有新生者,十丈龙孙绕凤池①。

【注释】

①龙孙:竹笋的别称。凤池:凤凰池,古时指宰相衙门所在地,这里指周围生长竹子的池塘。

【赏析】

这首诗中的前两句不仅表现出了"青出于蓝而胜于蓝"的景象,还表达了后辈对前辈的感恩之情;后两句是预示新生势力必将更加兴旺、更加强大。新生势力的迅猛成长不仅需要自身拥有顽强的生命力,还离不开前辈们循循善诱的教导,站在巨人的肩膀上我们往往能看得更远。

【诗中君子】

竹子作为"四君子"之一,其刚正不阿的形象一直为人们所喜爱与赞赏。教师肩负着传道、授业、解惑的职责,只有用心教导、倾囊相授,才能培养出像竹子一样品性的学生。

【诗词体验】

假如竹子能够像人类一样会言语,那么当新生的竹子长势超过旧有的竹子时,它们之间会有怎样精彩有趣的对话呢?试着展开想象说一说。

【经典章句】

古之学者必有师。师者,所以传道授业解惑也。人非生而知之者,孰能无惑?惑而不从师,其为惑也,终不解矣。——韩愈《师说》

浅释:古代求学的人一定是有老师的。老师,是传授道理、教授学业、解答疑难问题的人。人不可能生下来就懂得道理,谁能没有疑惑?有了疑惑,如果不跟从老师学习,那么这些疑难问题就永远无法得到解答了。

【学生书画作品】

作者：左岸

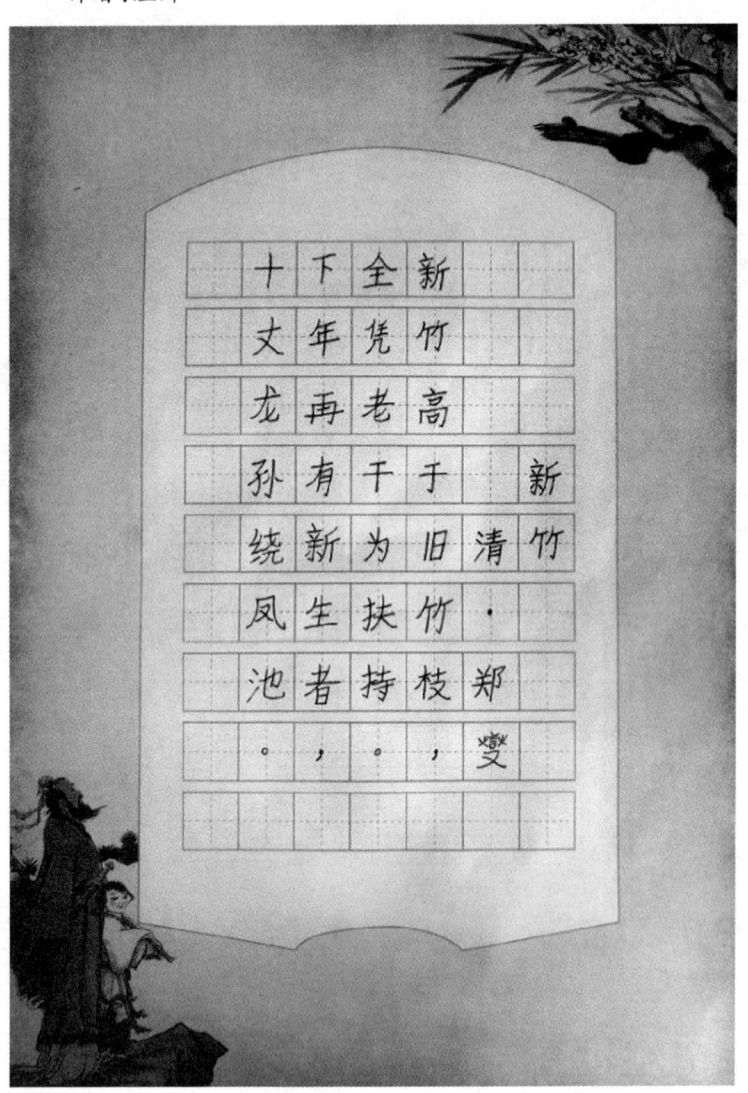

> 新竹高于旧竹枝，全凭老干为扶持。下年再有新生者，十丈龙孙绕凤池。
>
> ——新竹·郑燮

第四篇

【原文】

己亥杂诗
清·龚自珍

浩荡离愁①白日斜,吟鞭东指即天涯②。
落红不是无情物,化作春泥更护花。

【注释】

①浩荡离愁:离别京都的愁思浩如水波,指作者心潮不平。
②吟鞭:抽响马鞭。天涯:指离京都遥远。

【赏析】

即将凋零的花儿并非无情,它愿用自己的身体化作春天的泥土,去滋润土壤,去滋养新的花木。后人也将孕育新生命的落花比作无私奉献的老师,他们不求回报,情愿做学生成功路上的垫脚石!

【诗中君子】

"俯首甘为孺子牛,一片丹心育桃李。"花虽然败落了,却化作春泥,依然在为新生的花朵提供养料。从这首诗中可以感受到诗人为国家、为人民无私奉献的精神,这也是老师无私奉献的精神品质的体现。

【诗词体验】

人生是要讲求奉献的,正如龚自珍所说"落红不是无情物,化作春泥更护花",请根据这两句诗歌所描绘的内容,大胆想象,创作一幅简笔画。

【经典章句】

不师如之何?吾何以成!不友如之何?吾何以增!吾欲从师,可从者谁?借有可从,举世笑之。吾欲取友,谁可取者?借有可取,中道或舍。仲尼不生,牙也久死。二人可作,惧吾不似。中焉可师,耻焉可友,谨是二物,用惕尔后。道苟在焉,佣丐为偶;道之反是,公侯以走。内考诸古,外考诸物,师乎友乎,敬尔无忽!——柳宗元《师友箴》

浅释:不受教于老师会怎样呢?我靠什么成就自己!没有真正的朋友会怎样呢?我靠什么提高自己!我想师从老师,谁值得我师从呢?即使找到了可以作为我老师的人,却会受到全社会的讥笑。我想结交朋友,谁值得我结交呢?即使找到了可以作为我朋友的人,在半路上又可能因观点不同而分手。现世没有孔子那样的老师,也没有鲍叔牙那样的朋友。即使二人在世,恐怕我也难以与他们为师友。忠信之人可以作为老师,知耻之人可以结为朋友,谨慎地记住这两条从师交友的标准,时时警惕勿失。假如所信奉的道相同,那么用人、乞丐也能够结为朋友;假如所信奉的道不同,那么公侯也应分手。认真思考古人的事迹,仔细观察社会情势的变化,良师益友的作用,请你切莫忽视!

【学生书画作品】

　　作者：秦浩宇

> 浩荡离愁白日斜吟鞭东
> 指即天涯落红不是无情
> 物化作春泥更护花
>
> 乙亥年夏 秦浩宇书

第五篇

【原文】

符读书城南①（节选）
唐·韩愈

木之就规矩,在梓匠轮舆②。
人之能为人,由腹有诗书。
诗书勤乃有,不勤腹空虚。
欲知学之力,愚贤同一初。

【注释】

①符:韩愈之子韩符。城南:韩愈的别墅。
②梓匠轮舆:有手艺的人。

【赏析】

儿子韩符即将到城南学堂念书,作为父亲的韩愈便写下了这首诫子诗,以此来勉励儿子要勤奋刻苦读书。同时,也让后人警醒,人在刚出生的时候并没有愚蠢聪明之分,但诗书中的知识与道理只有勤奋努力的人才会懂,懒惰的人只能感到精神上的空虚,渐渐地也就有了贤愚之分。诗人以木喻人,告诫世人,木材之所以能被制作成各式的器具,是因为木工精湛的手艺、辛勤的劳动。而人之所以能够成才,是因为读过很多的书籍,知晓很多的知识。

【诗中君子】

先哲的"训子诗"往往充满了人生智慧,"业精于勤荒于嬉"与"诗书勤乃有,不勤腹空虚"讲述的是同一个道理,成才之路离不开诗书的熏陶。我们应以书为伴,做一个勤奋努力、刻苦钻研的人。

【诗词体验】

你家也有家训吗?谈谈你家的家训及其寓意吧!或者你想为你的家树立怎样的家训呢?试着想一想、说一说。

【经典章句】

父母威严而有慈,则子女畏慎而生孝矣。——《颜氏家训》

译文:父母对待孩子既要有威严,又要关心爱护他们,那么子女才会对父母敬重、孝顺。

【书画作品】

作者：于雅欣

第十三单元　君子雅思

导　语

　　学问思辨,是君子知的过程,也是行的过程。这就像一束鲜花,仔细观赏,才能看到它的美丽;又如一杯清茶,细细品味,才能尝出真味道。君子要懂得格物致知、知行合一,学会从生活中品味出人生的哲理。

第一篇

【原文】

游山西村

宋·陆游

莫笑农家腊酒①浑,

丰年留客足鸡豚②。

山重水复疑无路,

柳暗花明又一村。

【注释】

①腊酒:这里指腊月里酿造的酒。

②足鸡豚(tún):意思是准备了丰盛的菜肴。足,足够,丰盛。豚,小猪,文中代指猪肉。

【赏析】

这首诗是陆游蛰居山阴老家时所作,生动地描画出一幅色彩明丽的农村风光图,对淳朴的农村生活习俗流溢出喜悦、挚爱的感情。诗人陶醉在山西村人情美、风物美、民俗美中,有感于这样的民风民俗及太平景象。

【诗中君子】

"山重水复疑无路,柳暗花明又一村",既写出山西村山环水绕、花团锦簇、春光无限的场景,又富于哲理,表现了人生变化发展的某种规律性,令人回味无穷。人们可以领悟到其中所蕴含的生活哲理——不论前路多么难行,只要坚定信念,勇于开拓,人生就能"绝处逢生",出现一个充满光明与希望的新境界。

【诗词体验】

你有没有在生活中遇到过失望的时刻呢?读了这首诗以后,你会对自己说什么呢?

【经典章句】

亦余心之所善兮,虽九死其犹未悔。——屈原《离骚》

浅释:这是我心中所追求的东西,就是死很多次也不后悔。表达了作者坚定的理想信念。

【学生书画作品】

作者：王子宸

莫笑農家臘酒渾豐年留客足雞豚山重水復疑無路柳暗花明又一村

宋詩一首己亥夏月王子宸書

第二篇

【原文】

题西林壁①

宋·苏轼

横看成岭侧成峰,

远近高低各不同。

不识庐山真面目,

只缘②身在此山中。

【注释】

①题西林壁:写在西林寺的墙壁上。题,书写,题写。西林,西林寺,在江西省的庐山。

②缘:因为,由于。

【赏析】

这是一首诗中有画的写景诗,又是一首哲理诗,哲理蕴含在对庐山景色的描绘之中。前两句描述了庐山不同的形态变化。庐山横看绵延逶迤,崇山峻岭郁郁葱葱,连环不绝;侧看则峰峦起伏,奇峰突起,耸入云端。从远处和近处不同的方位看庐山,所看到的山色和气势又不相同。后两句写出了作者深思后的感悟:之所以从不同的方位看庐山,会有不同的印象,原来是因为"身在此山中"。

【诗中君子】

"不识庐山真面目,只缘身在此山中",是即景说理,谈游山的体会。之所以不能辨认庐山的真实面目,是因为身在庐山之中,视野为庐山的峰峦所局限,看到的只是庐山一峰一岭一丘一壑的局部而已,这必然带有片面性。它启迪人们认识为人处事的一个哲理——由于人们所处的地位不同,看问题的出发点不同,对客观事物的认识难免有一定的片面性;要认识事物的真相与全貌,必须超越狭小的范围,摆脱主观成见。

【诗词体验】

你能联系你的实际生活谈一谈"不识庐山真面目,只缘身在此山中"吗?

【经典章句】

居安思危,思则有备,有备无患。——左丘明《左传·襄公十一年》

浅释:处于安全环境时要考虑到可能出现的危险,考虑到危险就会事先有所准备,有了准备就可以避免祸患。

【学生书画作品】

作者：王子宸

横看成岭侧成峰远近高低各不同不识庐山真面目只缘身在此山中

宋诗一首 己亥夏月 王子宸书

第三篇

【原文】

定风波①·南海归赠王定国侍人寓娘②
宋·苏轼

常羡人间琢玉郎③,天应乞与点酥娘④。

尽道清歌传皓齿⑤,风起,雪飞炎海⑥变清凉。

万里归来颜愈少,微笑,笑时犹带岭⑦梅香。

试问⑧岭南应不好,却道,此心安处是吾乡⑨。

【注释】

①定风波:词牌名。一作"定风波令",又名"卷春空""醉琼枝"。双调六十二字,上片五句三平韵、二仄韵,下片六句四仄韵、二平韵。

②王定国:王巩,作者友人。寓娘:王巩家的歌伎。

③琢玉郎:如玉雕般容貌清俊的男子。

④点酥娘:谓肤如凝脂般光洁细腻的美女。

⑤皓齿:雪白的牙齿。

⑥炎海:喻酷热。

⑦岭:指大庾岭,是沟通岭南岭北的咽喉要道。

⑧试问:试着提出问题,试探性地问。

⑨此心安处是吾乡:这颗心安定的地方,便是我的故乡。

【赏析】

常常羡慕这世间如玉雕琢般丰神俊朗的男子,就连上天也怜惜他,赠予柔美聪慧的佳人与他相伴。人人称赞那女子歌声轻妙,笑容柔美,风起时,那歌声如雪片飞过炎热的夏日使世界变得清凉。

你从遥远的地方归来却看起来更加年轻了,笑容依旧,笑颜里好像还带着岭南梅花的清香。我问你:"岭南的风土应该不是很好吧?"你却坦然答道:"心安定的地方,便是我的故乡。"

【诗中君子】

先以否定的语气提问:"试问岭南应不好?""却道"陡转,使答语"此心安处是吾乡"更显铿锵有力,警策隽永。白居易《初出城留别》中有"我生本无乡,心安是归处",《种桃杏》中有"无论海角与天涯,大抵心安即是家"等语。苏轼的这句词,受白诗的启发,但又明显地带有王巩和寓娘遭遇的烙印,有着词人的个性特征,完全是苏东坡式的警语。它歌颂寓娘随缘自适的旷达与乐观,同时也寄寓着作者自己的人生态度和处世哲学。

【诗词体验】遇到不顺心的事情时,你一般会怎么做?

【经典章句】

孟子曰:"君子有三乐……父母俱存,兄弟无故,一乐也;仰不愧于天,俯不怍于人,二乐也;得天下英才而教育之,三乐也。"——孟轲《孟子·尽心上》

浅释：孟子说："君子有三种乐趣……父母都健康，兄弟没灾患，是第一种乐趣；抬头无愧于天，低头无愧于人，是第二种乐趣；得到天下优秀的人才对他们进行教育，是第三种乐趣。"

【学生书画作品】

　　作者：杨硕

常羡人间琢玉郎，天应乞与点酥娘。尽道清歌传皓齿，风起雪飞炎海变清凉。万里归来颜愈少，微笑，笑时犹带岭梅香。试问岭南应不好，却道，此心安处是吾乡。

右录苏轼定风波南海归赠王定国侍人寓娘　杨硕　书

第四篇

【原文】

晓　窗
清·魏源

少闻①鸡声眠,老听鸡声起。

千古万代人,消磨数声里。

【注释】

①闻:听。

【赏析】

作者写这首诗,恐怕不只是为了讲述这个客观事实,而是从中渗透出理性内涵。如何对待雄鸡报晓,其实是涉及人生观的大问题。有志者闻鸡起舞、发愤图强,时不我待、自强不息;无志者晓窗沉睡、蹉跎岁月,时光流逝、不思进取。

【诗中君子】

人生苦短,不可将有限的人生消磨在无所事事之中;奋斗乃长,必须把无限的奋斗延伸至晓窗之外。

【诗词体验】

每个人都有自己的梦想,要想让梦想照进现实必须通过不

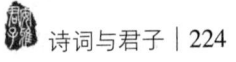

懈的努力与奋斗,说说看,你为你的梦想做了哪些努力?

【经典章句】

博学之,审问之,慎思之,明辨之,笃行之。——《礼记·中庸》

浅释:要广博地学习,要详细地询问,要慎重地思考,要明白地辨别,要切实地力行。

【学生书画作品】

作者:刘庭依

第五篇

【原文】

酬乐天扬州初逢席上见赠
唐·刘禹锡

巴山楚水①凄凉地,二十三年弃置身②。

怀旧空吟闻笛赋③,到乡翻似烂柯人④。

沉舟侧畔千帆过,病树前头万木春。

今日听君歌一曲,暂凭杯酒长精神。

【注释】

①巴山楚水:指四川、湖南、湖北一带。古时四川东部属于巴国,湖南北部和湖北等地属于楚国。刘禹锡被贬后,迁徙于朗州、连州、夔州、和州等边远地区,这里用"巴山楚水"泛指这些地方。

②弃置身:指遭受贬谪(zhé)的诗人自己。置,放置。弃置,指贬谪。

③闻笛赋:指西晋向秀的《思旧赋》。三国曹魏末年,向秀的朋友嵇康、吕安因不满司马氏篡权而被杀害。后来,向秀经过嵇康、吕安的旧居,听到邻人吹笛,不禁悲从中来,于是作《思旧赋》。刘禹锡借用这个典故怀念已死去的王叔文、柳宗元等人。

④烂柯人:指晋人王质。相传晋人王质上山砍柴,看见两个童子下棋,就停下观看。等棋局终了,手中的斧柄(柯)已经朽

烂。他回到村里,才知道已过了一百年,同代人都已经亡故。作者以此典故表达自己遭贬二十三年的感慨,也借这个故事表达世事沧桑、人事全非及暮年返乡恍如隔世的心情。

【赏析】

　　巴山楚水一带荒远凄凉,二十三年来,我被朝廷抛弃在那里。

　　回到家乡后,熟悉的人都已逝去,只能哼唱着向秀闻笛时写的《思旧赋》来怀念他们,而自己也成了神话中那个烂掉了斧头的人,已无人相识,真感到恍如隔世啊。

　　在沉舟旁边有上千条船争相驶过,枯败的病树前有万棵绿树生机勃发。

　　今天听到你为我作的那一首词曲,就借这美酒重新振作起精神吧。

【诗中君子】

　　"沉舟侧畔千帆过,病树前头万木春",二十三年的贬谪生活,并没有使他消沉颓唐。正像他在另外的诗里所写的"莫道桑榆晚,为霞犹满天",他这棵病树仍然要重添精神,迎上春光。因为这两句诗形象生动,至今仍常常被人引用,并赋予它以新的意义,说明新事物必将取代旧事物。正因为"沉舟"这一联诗突然振起,一改前面伤感低沉的情调,尾联便顺势而下,写道:"今日听君歌一曲,暂凭杯酒长精神。"点明了酬答白居易的题意。刘禹锡在朋友的热情关怀下,表示要振作起来,重新投入生活中,表现出坚忍不拔的意志。诗情起伏跌宕,沉郁中见豪放,是酬赠诗中的优秀之作。

【诗词体验】

当你的朋友遭遇不幸与挫折时,你会用什么话来鼓励他?

【经典章句】

吾生也有涯,而知也无涯。——庄周《庄子·养生主》

浅释:我的生命是有限的,而我学习的知识却是无穷无尽的。

【学生书画作品】

作者：杨硕

巴山楚水凄凉地，二十三年弃置身。怀旧空吟闻笛赋，到乡翻似烂柯人。沉舟侧畔千帆过，病树前头万木春。今日听君歌一曲，暂凭杯酒长精神。

录刘禹锡诗一首 杨硕 书